JN437542

朴亨龍 博士 回顧錄

朴亨龍 博士 回顧錄

부록: 총신과 박형룡/신학지남과 박형룡

朴亨龍 著
鄭聖久 編

총신대학교출판부

편자의 말

고(故) 죽산(竹山) 박형룡 박사는 한국의 보수신학의 거목이며 대변자이자 총신의 신학과 신앙의 뿌리이다. 박형룡 박사는 실제로 그의 삶 자체가 한국교회의 신학사라고 해도 좋을 것이다. 박형룡 박사는 조직신학자요, 기독교 변증가로서 일생동안 보수주의 신학의 대표임을 자임했다. 그는 신학자로서 뿐만 아니라 설교자로 명성을 떨치면서 후학들에게 엄청난 감화력을 준 성자형의 사람이었다. 신학적으로는 구 프린스턴 학파의 이론을 그대로 따르면서도 화란 개혁주의신학을 접목한 탁월한 학자였다. 그것은 그가 즐겨 인용한 벌코프, 월필드, 핫지, 카이퍼, 바빙크 등의 인물을 통해서도 짐작할 수 있다. 즉 그는 개혁주의신학의 원리를 성실하게 정리하여 한국교회에 전해 준 선구자라고 볼 수 있을 것이다.

그동안 박형룡 박사 서거 이후에 그의 신학적 평가작업이 몇 차례 있기도 했고, 그의 생애와 사상에 대한 언급도 있었다. 하지만 그 자신이 직접 쓴 회고록은 아직 없었다.

편자는 일찍이 박형룡 박사 아래서 7년을 공부했을 뿐 아니라 십 수년 전에 그의 신학과 삶에 대한 자료에 관심을 갖고 박형룡 박사에 관한 육필 원고나 미 인쇄물 교재도 상당한 부분을 모았다. 편자는 약 35년 동안의 총신 교수의 사명을 마치고 명예교수가 된 후 2002년 9월 대신대학교 총장의 자리로 옮겼다. 그때에 오랜 총신대학교의 연구실의 자료 전부를 대신대학교로 옮기고 수천종의 책을 정리하는 중에 초등학교 노트 네 권에 쓴 박형룡 박사의 회고록을 발견하고는 깜짝 놀랐다. 편자는 그동안 박형룡 박사의 육성 녹음이나 육필 강의록들이나 또는 변증학, 험증학 원고 등에 끼워져 있던 그 조그마한 초등학생의 노트에 관심을 두지 못했던 것이다.

나는 박 박사님의 회고록을 읽으면서 흥분을 감추지 못했다. 왜냐하면 이 회고록에는 그의 유년시대에서부터 회심과 입신, 신성중학교 시절, 숭실대학교 시절, 그리고 목포 감옥에서 10개월 동안의 고초, 청운의 꿈을 품고 만주 금릉대학에서 프린스턴신학교로 가기까지의 일들이 자세히 기록되어 있지만 실제로 한 인간으로서, 한 청년으로서, 학자로서, 설교가로서의 박형룡 박사의 진면모를 보는데 결정적인 기록이기 때문이다.

이 회고록은 소설보다 재미있을 뿐 아니라 한국교회의 초기 역사 중 잘 알려지지 않은 부분들이 흥미진진하게 기록되어 있다. 아직 궁금한 것은 그의 회고록이 여기까지 쓰여지고 말았는지, 그 이후의 뒷 부분의 원고가 분실되었는지 알 길이 없다는 것이다. 노트의 지질이나 양식으로 볼 때 그 회고록을 쓴 시기는 1950년대 말에서 60년대 초일 것이라고 짐작한다.

편자는 박형룡 박사의 회고록의 일부를 출판하려고 마음먹고 내용을 읽는 중에 이대로는 오늘의 독자들이 이해할 수 없다고 판단했다. 지금부터 100년 전의 사실들을 순 중국식 표현으로 썼기 때문에 오늘날 사람은 고사하고 50년대, 60년대에 활동하던 사람들도 이해하기 어려웠다. 그래서 현대어로 다듬는 데 엄청난 시간이 소요되었다. 마치 영어나 독일어를 우리말로 번역한다는 생각으로 중국식 고어체를 모든 사람들이 읽을 수 있도록 고쳐쓸 수 있었던 것은 편자가 7년 동안 그의 문하생으로 있었기에 가능한 일이었다.

그러나 박 박사님은 워낙 한학에 통달한데다 자기 자신이 만든 조어가 많아서 사전에서도 찾을 수 없는 단어들이 많아 난감했다. 나의 한문실력이 한계에 이르러 고심하고 있던 중 전 대구신학교 학장이셨고 원로목사이신 이종호 목사님께서 부분적으로 큰 도움을 주신 것을 잊지 않고 있다.

그런데 이 원고가 정리되어서 거의 교정을 끝낼 무렵, 나는 또 다시 박형룡 박사의 중요한 문헌 하나를 발견했다. 1929년 말, 평양 · 평서 연합사경회 강연원고를 발견한 것이다. 박형룡 박사의 설교집은 여러권 있지만 도사경회 강연원고는 처음 보았다. 다섯 차례에 걸친 강연원고는 「성경과 인간」, 「성경과 노동」, 「성경과 재산」, 「성경과 고난」, 「성경과 봉사」등의 제목인데 매우 실제적이고 구체적인 성도의 삶을 다루면서도 정확한 참고문헌 제시도 잊지 않았다. 이 자료는 후일 별도로 출판하기로 하고 여기서는 생략했다.

박형룡 박사의 회고록을 정리해서 출판하려고 원고를 정리했으나 분량이 책으로는 너무 적어서 필자가 일찌기 총신대학교 「신학지남」에 발표했던 논문 「총신과 박형룡」을 함께 넣었다.

문체는 서로 달라도 박형룡 연구에 결정적 자료라고 생각되어 합본하였다.

이 회고록을 막상 출판을 하려고 했을 때 전혀 상업성이 없는 책인지라 어느 출판사에서도 출판하기가 어려웠다. 이래 저래 고민하던 중에 총신대학교 김의원 전 총장께서 이 책은 평생을 총신에서 몸 담으신 박형룡 박사의 회고록이니 총신대학교 출판사에서 내는 것이 가장 적절하다고 하면서 선뜻 맡아준 것을 감사할 뿐이다.

아무쪼록 이 책이 인간 박형룡 박사의 삶을 연구하는데 보탬이 되고 그의 위대한 신학적 족적을 이해하는 데 도움이 되기를 바라는 마음으로 출판한다. 어려운 원고를 컴퓨터로 옮기고 정리해 준 대신대학교 총장 비서인 윤예주 선생의 수고를 오래토록 기억하고 싶다. 또 새한기획의 민병문장로님과 총신대학교출판부 여러분께도 감사를 드리는 바이다

2011년 5월

총신대학교 명예교수
칼빈대학교 석좌교수
편자 **정 성 구**

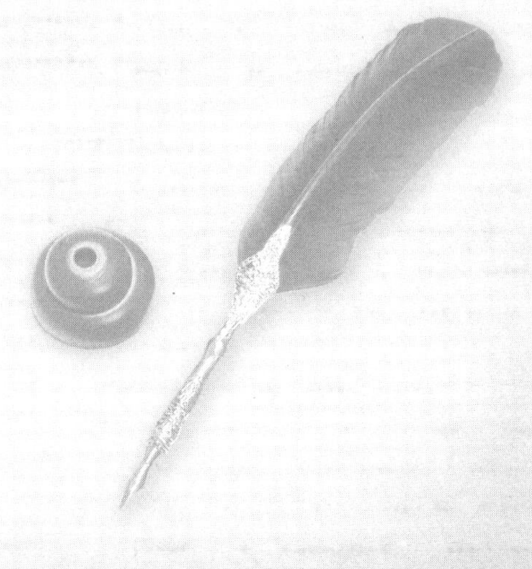

박형룡 회고록(回顧錄)

추억(追憶)

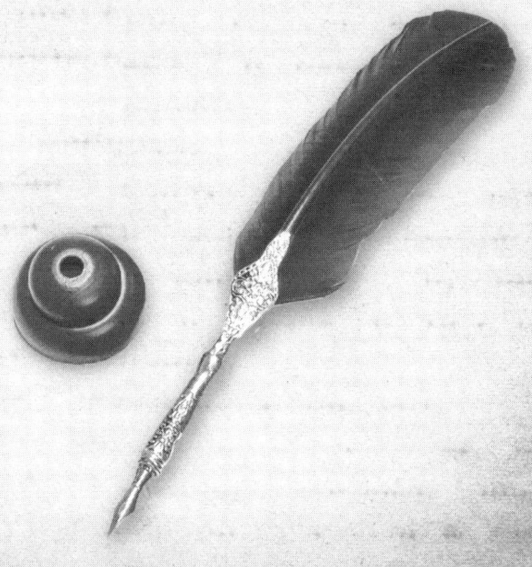

1 아름다운 내 고향

평안북도 벽동군 회면 연풍리 당죽동(쉿대골)은 나의 어린 시절 일곱살까지 살았던 최초 옛 집이 있는 곳이었다. 골짜기의 깊이는 오리가 조금 안되고, 잔잔한 시내가 흐르는 좌우 언덕에 초가집 너댓동이 있을 뿐인 조용하고 한가로운 산골짜기였다. 나의 옛 집은 시내의 왼쪽 숲이 울창한 높은 언덕 위에, 소나무 숲이 우거진 산기슭인 반달형의 밭 한가운데 서 있었다. 집의 좌우편과 전면에는 채소밭이 있고 좌편에는 농지가 이어져 하나의 작은 골짜기를 이루었다. 우편과 전면의 채소밭 앞 높은 언덕 울창한 숲에는 추자나무(호두) 수십그루가 해마다 가을이면 열매를 풍부히 맺었다. 그 숲 밑에서는 동네 사람들이 해마다 성황신께 제사

박형룡 박사 친필 회고록 노트

를 드리고 있었다.

집 뒤에 있는 늙은 참배나무 한 그루와 높은 잣나무 두 그루는 언덕의 가래나무들과 함께 우리집에 맛보기 정도의 실과를 공급하였다. 이 밖에 여름이면 우편 늙은 뽕나무에도 열매가 열리고 산 밑 수풀 속에 가시딸기와 딸기가 나고, 가을이면 뒤 골짜기에 의지, 돌배, 머루, 다래 등이 많이 열었다. 쉿대골 동구 밖에는 영강으로부터 압록강을 향해 흐르는 커다란 강이 유유히 흐르고 있었다. 동구에 나가서 마당소(물 깊은 독)와 벼락소 둘 사이에 놓인 돌다리로 큰 강을 건너가면 "풍년두루"라 하는 너른 벌판이 놓여있고 그 벌판에도 우리집 소유의 토지가 있어 서당동이라 하였다. 그 너른 벌이 대밭이요, 아랫 구석에는 약간의 논이 있었다. 그 벌판 아래 위에 기와집도 있었다. 그 벌은 우리집에서 잘 건너다 보였다.

우리집은 입구자형으로 지은 초가 본채에 서쪽으로 부엌과 방 셋, 우편 사랑채에 부엌과 방 둘, 좌편에는 창고 한 채, 전면에는 우사와 고간을 합하여 한 채, 쉿대골 안에서는 큰 집으로 꼽히는 집이었다. 소작인 두세대가 동거하였고 소, 닭, 개, 고양이 등의 가축이 사육되었다. 좌측으로 골짜기 바닥에 수십척 깊이의 우물이 있고, 그 곁 채소밭 중에 발 방앗간이 있어 농사 지은 메밀을

回顧錄

追憶

아름다운 내 故鄕

平安北道碧潼郡松面連豊里唐竹洞(싯대골)은 나의 幼年七歲까지 지낸 最初古家가 있은 곳이었다. 골짝이의 길이는 五里에 未滿하고 잔잔한 시내 흐르는 左右언덕에 草屋農家 四·五棟이 있을 뿐인 從容하고 清閑한 山谷이었다. 나의 古家는 시내의 左便 樹林이 鬱蒼한 높은 언덕 위에 松林 우거진 산발(麓)의 半月形의 田地에 서 있었다. 집의 右便과 前面에는 菜田이 있고 左便에는 農地가 連接하여 하나의 적은 골짝이를 일우었다. 右便과 前面의 菜田 앞 높은 언덕 鬱蒼한 樹林에는 楸木 數十株가 해마다 가래 열매를 豐富히 맺었다. 그 樹林 밑에서는 洞人들이 녹두리 城隍神 洞里 祀를 드리고 있었다. 집 뒤에 늙은 배나무 한 그루와 北쪽은 잣나무 두 그루는 앞 언덕의 가래나무들과 함께 우리 집에 맛보기 程度의 果實을 供給하였다.

박형룡 박사 친필 회고록 원고

제분하여 국수를 눌러 먹기에 편리하였다. 평안북도 압록강 하류의 주천 강변으로 올라가다가 삭주 창성을 지나는 벽동읍은 남안 고지에 있어 경치의 아름답기가 기막히게 좋았다. 동쪽 봉우리에서 산맥은 행주형으로 도사리고 앉은 산성이 있고 남쪽 높은 봉우리 남장대에 올라서 아래 비밀스런 사찰에 망미정 그 밑으로 동남천이 흘러 구봉산 구봉정 아래로 지나 압록강으로 들어가는 광경은 평양의 울밑대에서 보는 모란봉, 부벽루, 청류벽, 대동강 능라도의 경치보다 오히려 웅장한 맛이 있었다.(지금은 압록강 수풍댐의 저수가 올려 쌓여서 벽동읍은 호수에 떠 있는 섬으로 되어 예전 경치의 손실을 많이 당했다)

1897년 도홍 유록(붉은 복숭아, 녹색버들)한 늦은 봄 3월 28일(음력) 석양, 벽동읍 김창조 좌수(읍장) 댁에 외손자가 출생하여 집안에 기쁨이 가득하였다. 박씨 가문에 시집간 딸이 당시 풍속대로 첫 아기를 친정 아버지 집에 와서 분만한 것이었다. 김 좌수는 외손자를 형룡이라고 이름 짓고 얼마 후에 같은 군 회면 연풍리의 자기집으로 돌려보내었다. 읍에서 남으로 동남천을 거슬러 육십리 올라가 박 좌수 진세씨 댁에서는 독자소생 첫 손자를 맞이하는 기쁨에 어쩔 줄을 몰랐다. 당시 미신적인 풍속에 의해서 액막을 하노라고 갓난아기의 이마에 먹선을 그리고 불을 놓고 불길 위로 넘긴 후에 집에 들어오게 하였다. 그리하여야 아기가 건강, 장수, 다복하다는 것이었다.

박 좌수는 그의 선조가 삭주로부터 창성을 지나 벽동으로 온 지 몇 대 밖에 아니되었다. 집안 전설에 의하면 선조는 삭주 돌아리(밀양박씨 문중)의 밀양박씨로서 그의 사촌이 정계에 활동하다가 실패하여 문중에서 따돌림 당하게 된 고로 그 화를 피하여 상계군 창성에 이주하고 당시 창성 박 어사가 죽산박씨인 연고로 본을 바꾸어 죽산박씨로 호적을 하였다. 그 후에 벽동에 들어와서 몇 대를 내려왔는데 가보에 내려온 명자를 보면 충성, 종면, 상일, 민항, 진세 등으로 되어있다. 벽동으로 들어온 후 약 십대라 하나 가문의 손이 왕성하지 못하고 진세옹의 동생 진화와 그의 둘째 아들 재호, 인호가 인동에 살고 있을 뿐이었다. 진세씨는 농업과 목공을 겸무하여 자수성가하므로 산촌부자로 알려지고 부친의 병이 위독할 때 배를 갈라 피를 내어 먹였고 처 승씨는 부군이 병으로 위독할 때 손가락을 잘라 피를 먹여 치료하였다. 이런 아름다운 행동이 널리 알려져서 진세씨는 효자로, 승씨는 열녀로 추앙되는 평안감사의 효행문이 내려졌다. 그래서 진세씨는 박 효자로 알려졌다. 진세씨의 선친 민항옹은 특히 장수하였으므로 정부에 알려져서 숭정대부라는 존호가 내려졌고 그 선친을 통정대부로, 그 처를 정열부인, 그 모를 숙부인으로 칭하는 존호를 얻었다. 이런 직명들은 물론 다 실속없는 칭호 뿐이었으나 가문

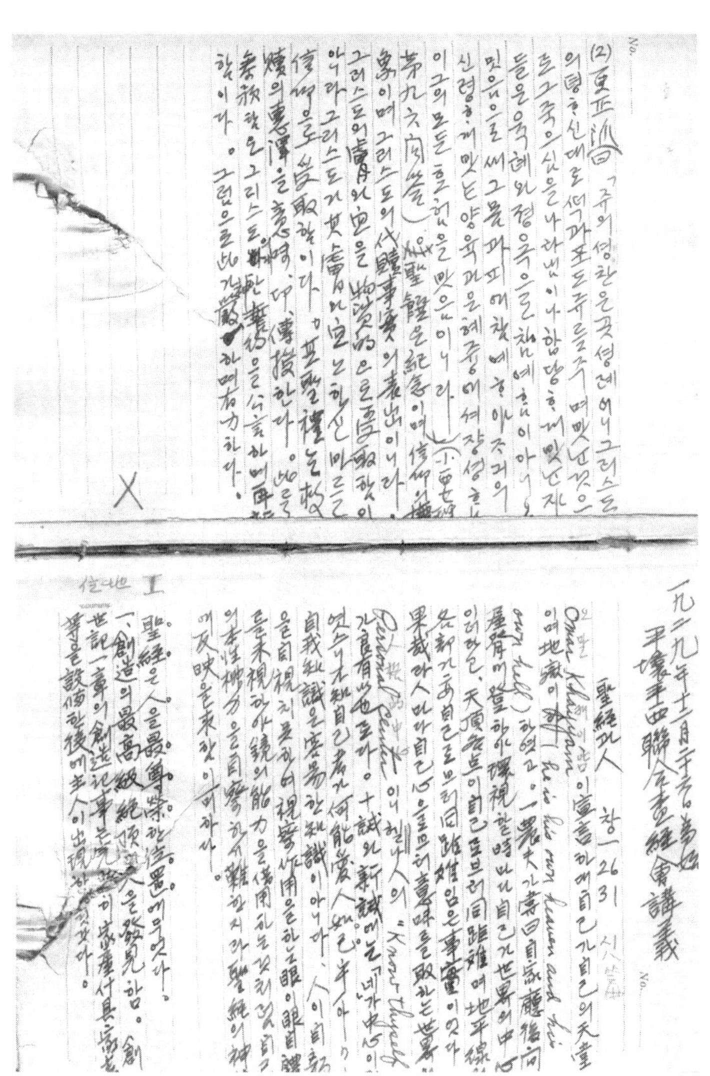

1929년 12월 박형룡 박사의 평양평서 사경회 노트

의 광영이라 해서 그 직첩문서들을 원통에 넣어서 천정의 중앙에 달아 후손들에게 전했다. 진세씨 내외는 자수성가 하였고 효자, 열녀의 영예를 얻었으나 무자하여 유감이러니 처 승씨는 일찍 죽고 후처인 한씨를 얻어서 연 오십에 득남하여 이름을 선경(후에 문태로 개명)이라고 짓고 후에는 딸을 얻었다. 오십에 얻은 외아들이 열 네 살 때 당시 내로라 하는 김창조 좌수의 여식(십칠세 후에 분인이라 작명)을 자부로 영입하였다.

그리고 사돈 김좌수의 주선으로 좌수라는 직책을 받아 박좌수라 부르게 되었다. 박좌수는 나이 오십에 득남한 독자로 말미암아 손자 삼형제를 계속하여 얻으므로 만년에 큰 위로와 기쁨이 되었다. 맏손자의 어릴 때 이름은 장손이었다. 그가 장손이를 애지중지 귀엽게 기르고 사랑스럽게 키웠으니 장손이의 기억에 남아 평생에 사라질 줄 몰랐다. 장손이를 데리고 사랑방에서 자고 아침식사하러 내실로 들어올 때 허리 굽은 칠십 노조부의 등에 꼿꼿하게 앉은 장손이의 모습이 마치 말 탄 아이와 같다고 하며 가족들은 한참동안 웃었다. 뒷뜰에 있는 단 한 그루의 참배나무에서 딴 몇 개의 참배를 아끼고 간수하여 겨울을 지나면서 밤이면 한알식 깎아서 사랑방 잠자리 머리맡에 놓았다가, 새벽 무렵 곁에 누운 장손이가 깨면 그 배를 집어 입에 넣어 주었다. 장손이는 그 한 그루에서 딴 배를 겨우내 두고 자기 혼자 다 먹는 듯하였다. 장손이를 이렇게 사랑하던 보호자, 그의 조부님은 장손이가 일곱 살 되던 해 음력 칠월에 황달병으로 칠십삼세를 일기로 별세하여 선산(말우동 정사송)에 장사 지냈다. 장손이는 세상에 다시없는 보호자를 잃었다. 조부의 사망으로 애통하고 비통하여 해야겠지만 그는 너무나 무덤덤했다. 조부가 중병을 앓고 있었지만 그 곁에 가기를 싫어했고 별세하여 시체가 된 즉 무서워서 멀리 피하였다. 겨우 시신을 입관하는 광경을 식구들 틈에 끼어 구경하되 눈물 없이 하였다. 성복이 되어 머리에 흰 댕기를 드리워 주는 것을 웬일인지 끔찍스럽게 생각해서 안 드리우겠다고 반항하다가 아버지에게 머리채를 잡혔다. 조부의 장례를 지나고 내실 후면에 모신 그의 사당 앞에 조석식을 드리고 삭망제사를 드리는 광경, 대상, 소상, 제사를 지나는 것도 보았다. 후에 그의 묘를 정자송의 산 아래에서 상산으로 이천하는 것도 보았다. 장손이의 기억에는 조부의 용모도 점차 잊어졌다. 그러나 겨울밤 사랑방에서 그의 손으로 깎은 배를 받아먹고 아침이면 그의 등에 말 타듯 타고 안방으로 들어가던 일이 평생에 그리워 생각하고 눈물의 추억을 때때로 거듭하네!

박장손의 부친은 귀동자를 길러서 서당교육을 받고 조혼을 하여 이십여세 청년으로 삼남자의 부친이 되었을 때 노부가 별세하였다. 일찍 장인 김좌수의 세력으로 향사감의 실직을 살았고 산촌에서는 준수한 인물이었다. 그러나 나이도 어리고 경험없는 그로서는 노부가 별세한 뒤에 가업을 제대로 잇지 못하고 실패한 것이 오히려 자연스러웠다. 부친이 살아계실 때 토지와 가옥을 팔아먹고 다른 가옥과 토지를 사지 못한 채 별세하니 연천한 사자인 그는 아랫 동네에 작은 가옥과 밭을 마련하고 이사하였다가 그것도 다시 팔아버리고 논밭도 딸리지 않은 조그마한 집으로 옮겨 가난한 살림으로 고생했다. 가로변에 판을 벌려서 각종 조그만 상업으로 가계를 삼으니 가족의 고생은 면할 수 없었다. 박장손의 일가족이 당죽동을 떠나 대천을 건너 하동 전우리 웅귀리의 작은 막우리로 이사한 것이 그의 어린 시절의 봄 무렵이었고 그 봄에 곁에 있는 서당에 입학하여 천자문부터 공부하였다. 훈장은 하봉권 선생이었는데 시커먼 텁석뿌리의 무서운 선생이었다. 장손은 서당 글공부에 취미를 얻지 못하고 역증이 나서 가지 않으려고 집에 누워 있다가 서당 훈장이 보낸 동무에게 잡혀서 억지로 끌려서 서당으로 간 때도 있었고 어떤 때는 전에 살던 당죽동 집으로 도망가서 좁은 방에 남아있는 처량한 신세가 되어 밤을 지새기도 하였다.

얼마 후 장손의 일가는 대천을 건너 쉿대골의 아랫 골짜기 어덩골 비교적 큰 집으로 이사하였다. 집은 계곡을 흐르는 계수지 언덕 위에 산을 등지고 향하여 있고 논밭도 상당히 딸리어 외관

상 잘 살아 보였으나 실은 가세가 기울어가는 중이었다. 더욱 애닯은 것은 가내에 불화가 있어 부모는 타처에 별거하고 조모 슬하에 삼형제 남아들이 이 집에 살며 좁은 방에 친척이 살고 있을 뿐! 장손은 오히려 철이 없어 조모님을 기쁘게 섬기지 못하고 이따금 그 마음을 괴롭힌 것이 후회막급이다. 어느 날 먹어보지 않던 거친 음식을 마련하여 놓고 먹으라고 권하시는데 맛없다고 끝내 먹지 않으므로 그의 마음을 몹시 괴롭혔다. 그 후 일평생에 그 일이 생각나서 마음이 아팠다. 가세는 속히 기울어 이 집마저 팔고 웅귀리 작은 집도 정리하고 어덩골 동구대천 대벽로 큰 바위 밑에 작은 집을 신축하고 객주와 주점을 하며 수년을 살았다. 장손은 웅귀리 서당에 계속 다니며 참학을 배웠는데 그 때 한학 통례과정대로 천자문 다음에 무제시, 마상시, 고문진실, 동몽선습, 사략 등을 배웠다. 웅귀리 서당에서 가르치던 하선생이 사퇴하고 공봉준이라는 중년인물이 선생으로 취임한 후 그의 열정적인 지도 아래 장손은 글맛을 깨닫고 일과복습에 근면하였다. 선생으로부터 칭찬을 받었고 동리인들의 호평도 들었다.

교회와의 접촉

공봉준 선생은 학력으로는 문장이 짧으나 열심히 배우려는 마음이 있는 사람이라고 동리인 중에 알려졌다. 대천 하류로 천우리 다음 동리는 학면 용평리, 천안산 아래 평야에 기와집 서너채가 모여 있었는데 중간 셋째 집은 큰 기와집과 작은 기와집으로 되어 있고 그 양가가 중심이 되어 예수교회가 서 있었다. 그것은 벽동 학면교회라 하고 같은 군 중에 가장 오랜 역사를 가진 교회였다. 집 세 채 두 동은 김봉수 옹의 네 아들이 거주하면서 교회를 돌보았고 셋째 아들, 넷째 아들이 집사, 영수 등의 직분을 가지고 지도하였다. 그 중에서도 넷째 아들 정준의 믿음이 가장 좋았다. 이따금 그 예수교회에 오는 순회교사로 말미암아 "회도몽학"이라는 중국발행의 순한문 초등학교용 서적이 서당에 나타났다. 공선생은 그 책표지에 방소위생 몇 년 발행이라는 기록이 있음을 보고는 놀라워하며 이는 예수교 서적이니 읽어서는 안된다고 아이들에게 경고하였다. 그러나 이상하게도 그 공선생과 서당 아이들이 자진해서 교회에 갈 기회가 생겼다.

서당학생 중에 금득송은 상동 운풍리 김항준씨 장자로(후에 서울 후암동성결교회 김영구 목사)서 이미 장성하여 결혼한 청년으로 사서삼경을 읽는 선생이었다. 그 때 한국은 을사보호조약으로 일본의 보호 아래 들었으나 신교육이 시행되어 대도시에는 신제도의 학교들이 설립, 운영되고 있었다. 득송은 평안북도의 중심인 영촌읍에 가서 학교에 입학하여 두달간 공부하고 귀향하였다. 득송이 학습하여 온 것은 특별히 수학과 연설이었다. 선생은 그 성격이 매우 진취적이었다. 학생들은 신시대를 맞이하였으니 신학문을 배워야 된다고 주장하며 득송을 서당에 초청하여 학생들에게 수학과 연설을 가르치게 하였다.

그러다가 연설을 구경하기 위해 마을 예수교회 주일예배에 참여하게 되었고 이후에는 선생들이 몇몇 아이들을 인솔하고 주일마다 교회예배에 참석하였다. 박장손이도 그 중에 포함되어 있었다. 예배 중에는 집사의 연설을 재미나게 들었고 예배를 마친 후에는 집사들 앞에서 아이들이 연설을 해보기도 하고 노래 부르기

평양신학교

를 배우기도 했다. 이렇게 하다가 선생과 아이들 여러 명이 신자가 되고 말았다. 장손이도 기독교 감화를 많이 받고 교회예배에 자주 출석하였다.

그 후 장손의 가정이 생활난으로 인해 이리저리로 자주 이사하여 다녔기 때문에 장손의 교육은 자주 중단되었다. 그러나 장손의 교육에 대한 부친의 성의와 장손 자신의 향학열은 학교를 찾아 입학할 수 있는 기회를 계속해서 만들어냈다. 천우리 웅귀리 서당을 떠난 후 운산군 북진대암 노동학교, 벽동학면 학창학교, 벽동읍 시흥학교, 벽동군 남면 신흥학교, 벽동군 학면 교회소학교 등 천우서당까지 6개 초등학교를 다녔다. 그 중에 가장 장기간 동안 공부한 곳은 남면 남창신흥학교였다. 한문선생으로 김봉서, 신학문(수학, 과학, 국어, 일어 등) 선생으로는 이고영과 최경은(둘 다 의주인임)이 있었다. 한문으로 맹자, 논어를 공부했고 수학으로 산술, 대수초보까지 공부해서 실력을 길렀다.

그러나 당시 시골에서는 한 개 군에 하나의 학교로 신설된 초등학교의 상황이 갑을병정 반의 학급 구별은 있어도 졸업을 시키는 것을 몰랐다. 그런 실정이니 졸업 후에 중학교에 간다는 희망이 없었다. 중학교에 입학하려 해도 수백리 타지에 위치한 예수교 경영의 중학교 외에는 평안북도에 다른 중학교가 별로 없었다. 선천에 있는 신성중학교, 의주에 있는 양실학원이 예수교 중학교였다. 정주에 오산학교가 있는 줄은 알지도 못하였다. 기어코 중학교에 입학해야 되겠기에 1912년 15세 때 벽동에서 압록강 하류를 따라 3백여리를 내려가서 의주 양실학원 중학교 1학년에 입학하고 동문인 이철호씨 집에 기숙하였다.

중학교 교장은 동읍서교회 김창건 목사였고 선생으로 수리담임 최후빈(후에 차주현), 한학선생으로 김지화가 주무였다. 성경 창세기를 배웠고 고등수학을 배웠다. 김지화 선생 집에 찾아가서 한학에 관한 문의를 이따금 하였다. 같이 하숙하는 학생 중에는 백영창, 김정옥, 박기원 등이 있어 주인학생 이철호와 함께 좋은 상급지도생이 되었다. 그들이 근방의 동교회(이여대 전도사 담임)에 예배마다 출석하며 설교마다 필기하는 습관을 길렀다. 그러나 참된 신앙생활에 들어가지는 못하였다. 한 학기 수업으로 이듬해 3월경 1학년을 마치자 동교는 폐교되고 말았다. 교장 김창건 목사가 백오인 사건에 연루자로 지목되어 서울로 잡혀간 것이 학교 폐교의 중대한 원인인 듯하였다. 때마침 본가에서는 부친이 어떤 사건으로 수감되어 신의주 감옥에 복역하게 된 고로 학비후원도 불가능하게 되었다. 4월경인가 학면 장평리로 귀가하여 가사를 도우면서 지냈다. 세우개 동구대천변 대로변의 조그마한 집에서 부친의 친구의 도움으로 한약국, 음식점 등을 경영하였다. 8월 경 부친이 만기출감한 고로 그의 친구와 동행, 신의주에 가서 사귀었다. 그 해 가을에 앞서 말한 용평리 교회학교에 입학하여 선천 사람 강유태 선생 아래서 한학(논어, 대학, 중용)을 계속 공부하였다. 우리집과 학교 사이는 7리 거리인데 길을 걸으면서 중얼중얼 논어를 암송하는 것을 일상으로 삼았다. 한학 연습에 이같이 정력을 쏟은 적은 내 평생에 이 때가 전무후무하였다. 따라서 교회 출석도 하였다.

회심과 입신

같은 해 가을 10월 20일 목요일부터 1주간 벽동읍교회에 벽동전군 도사경회가 열린 고로 60리를 걸어서 참석했다. 강사로는 정천 김석창 목사, 지산 안승원 목사와 박만(신택) 조사도 함께 왔는데 예배 때마다 은혜가 풍성하였다. 어느 날 예배에 안승원 목사의 "하나님을 경외하라"(벧전2:17)는 제목의 설교가 마음에 큰 충격을 주었다. 지금까지 외견상의 교인생활은 죄에 저항없이 교회출석이나 설교 필기에 멈추었지만 이제부터는 죄에 대항하며 예수를 참으로 믿기로 결심하였다. 당장에 일어나서 죄를 자백할 용기는 없었으나 죄를 미워하고 진심으로 믿기로 결심하였다. 귀가하여 교회학교에 수학을 계속하며 신앙생활에 특별히 전력투구하였다.

장평리 우리집으로부터 용평리 교회까지 7리 가량 거리가 되는데 걸어서 주일 오전, 오후, 밤, 수요 매 예배에 계속 출석하며 성경읽기와 기도하기와 행인에게 전도하기를 계속하였다. 지금 생각해보면 전도하면서 타인에게 권면한 말 중에는 모순이 없지 아니하였으니 "나도 아직 성신을 받지 못하였으나 성신을 받으면 마음이 청결해집니다. 성신을 받도록 힘쓰시오"하였다.

자신의 수양방법으로 논어에서 공자가 수제자 안연에게 가르쳐준 4과목의 계율을 실행하기로 결심하였다. 안연이 문인한대 자왈 일일 극기복례면 천하귀인 하느니라 왈 청문기목하노이다. 자왈 비례물시하며 비례물청하며 비례물언하며 비례물동이니라. 부정한 시청언동을 자제하기로 노력하였다. 부정한 것을 보지 않기 위하여 밖에 외출할 때에는 수건으로 눈을 반쯤 가리우고 겨우 발끝이나 볼 정도로 눈을 내 놓았다. 부정한 것을 듣지 않기 위하여 밖에 외출할 때에는 솜뭉치로 귀를 막아 음성이 들리지 않게 하였다. 부정한 말을 하지 않기 위하여 하루 말하기를 25회로 제한하였다. 그것은 전장에서 병사 한 명이 일일 탄환 25발 이상을 사용하지 못하게 제한된다는 말을 들은 기억이 있기 때문이었다. 발언의 번 수를 알기 위하여는 소매 속에 종이 조각을 숨겨 넣었다가 1회 발언 후에는 1획을 그어 두고 밤에 취침 전에 그 종이조각을 내어 계산하여 보았다. 그러나 매일 발언수

準備의 春夏

平壤에서 秘密裡에 百年大事를 決定한 後 豫定대로 故鄕 平北 碧潼郡으로 갔다. 城南面 南中洞 德所谷口 草屋에 父母님과 同生들에게 問安하고 月餘逗留하였다. 그동안에 父親님은 三一運動關係로 日人警察의 손에 受難많이 하셨으나 아직도 鴨綠江越便 滿洲에서 進行되는 獨立運動者들과 秘密連絡을 가지고 계신다는것이다.

次弟 亨鳳이 鶴會面 龍坪里敎會 金貞俊 長老의 二女 豐永과 約婚하여두었으므로 今番 나의 故家中에 結婚式을 擧行하다. 金長老는 龍坪敎會의 創設指導者로서 篤信篤行으로 屈指되는 人物이였다. 多年前에 그는 自己 叔父가 別世한 喪家에가서 弔客들에게 熱心傳道하다가 出棺時間에도 별房에서 傳道에만 骨突하므로 當時 하나의 義俠靑年인 나의 父親에게 머리에 썼던 말총감투를 쫓기우고는 꿇어앉어서 福을 많이주시니 感謝합니다 하고 감투없이 맨머리 바람으로 喪輿뒤에 따라갔다는

박형룡 박사의 육필 회고록

가 25회를 넘는다는 것이 고통이었다. 그리고 실수의 발언이 적지 아니한 것이 매일의 고통이었다. 범죄를 하지 않기로 결심하고 노력하였다. 그러나 마음 가운데 불결한 잡념이 일어남을 어이할까? 성령을 받으면 마음의 청결함을 얻는다 하여 열심히 기도하였으나 마음의 청결함은 좀처럼 되지 아니하였다. "오호라 나는 곤고한 사람이로다 누가 나를 이 사망의 몸에서 구원하여 주랴". 집에서 한가한 시간, 혹은 밤이면 눈을 감고 천국의 신령한 세계를 묵상하거나 이미 지어 두었던 신령한 문장을 묵상함으로 잡념을 막고 깨끗한 마음을 얻기에 노력하였다. 이 해 가을과 다음 해 이른 봄에 걸쳐서 교회에서 주일 오전마다 사도행전을 주일공과로 공부하였다. 사도들, 특히 바울이 회심입신하고 이방인의 사도로 천하에 다니며 복음을 전하며 환난핍박을 감수하는 그 영웅적인 투쟁의 역사는 내 마음에 큰 자극을 일으켜 사람은 마땅히 그렇게 의를 위해 분투하는 생활을 살 것이라는 의욕을 가지게 하였다.

1910년 한국이 일본에 합병되어 망국할 때 남창신흥학교에 재학 중 그 비보를 듣고 만 하루를 통곡하였다. 나라 잃은 백성의 앞날에 아무런 출세의 희망도 없음을 비탄하였다. 동시에 그 때 취미를 붙여 읽은 한학은 염세은둔의 원망을 자주 일으켜 주었다. 유인은거청신리 세상공명몽외시라던가 원상한산석경사 백운심처유인가 정차좌애풍림만 상엽홍어이월화 같은 시구는 나의 흥미를 가장 많이 일으키는 것이었다. 평생에 산곡계류에 은거하여 청아한 생을 살며 학문으로 청아하게 살기를 동경하였던 것이다. 은둔생활이 생의 이상이었다. 의주 양실학원에 온 후에도 가난하고 궁핍한 환경에서 항상 이 이상을 품고 원근 산천에 은거할 만한 좋은 장소를 엿보곤 하였다. 그러나 사도행전을 주일공과로 공부하고 나니 사람은 마땅히 진리와 의를 위한 전투적 생활을 살 것이라는 의욕을 가지게 되었다. 숨어 사는 사람이 되는 대신 투사가 되어야 한다고 생각되었다. 당나라 두보의 시에

『청산속에 숨어사는 사람이
세상 공명을 꿈 같이 여기네
멀리 쓸쓸한 산길 경사져 이어있고
흰구름 깊이 쌓인 곳에 아련히 인가 있네
수레 멈추고 황혼진 단풍숲을 멍청하게 바라보니
단풍잎은 봄철 꽃보다 더 붉다』

4 신성중학교

1914년 봄 4월, 일찍 김득성 씨와 강유태 선생으로부터 선천의 신성중학교에 관한 말을 듣고 그 곳에 가서 중학교육을 받으며 신앙생활에 깊은 수련을 받기를 지망하였다. 들으니 백오인 사건도 일단락 해결을 보아 그 학교 선생과 학생들이 방면되어 돌아왔다 한다. 신성학교에 입학함에 위험이 올 우려가 없어졌다. 부친의 말씀이 선천으로 갈 여비와 입학 수업할 학비를 준비하여 줄 힘이 없으나 앞서 말한 회면 천우리 하응필집강에게 10원을 꾸어가지고 가면 후에 갚아 줄 터이니 그에게 가서 사정을 하여 보라고 하셨다. 그에게 가서 염치불고하고 사정을 하니 그는 별로 주저하지 않고 은전 10원을 전대에 서너개 내어 주었다. 그는 부친의 친구로서 나 자신을 평소에 기특하게 보았던 때문인지 그렇게 선심을 써서 적지 아니한 금액을 선선히 꾸어 주었다.

여장을 준비하여 먼 길을 떠나는 날 부모님은 문밖에서 송별하여 주시고 두 동생 형봉과 형령은 20여리나 동행하여 회면 청산리 고개까지 전별하여 주었다. 그 때에 그들을 떠나기 어렵던 형편을 무엇으로 형언할꼬! 그들을 뒤에 두고 고개를 내려가고 성창을 지나 구계령 높은 고개를 혼자서 올라설 때 맹수나 없는가, 도적이나 없는가 소름이 끼쳤다. 심중에 하나님께 기도하며 험산준령 우면 수십리를 무사히 통과하니 창성군이라는 동구로 퍽이나 멀리 걸어 단숨에 앞서 말한 하집강의 친척(사촌누이)댁을 찾아 하루밤을 묵었다. 생면부지의 사람이지만 예로부터 손님 접대의 미풍양속에 의해 늘상 먹는 밥상이지만 환대를 받었다. 여행한 지 나흘째 석양이 선천읍의 동북편으로 뻗은 대로에 이르러 땅에 앉아 한참이나 선천읍을 바라보며 마음 가운데 중얼거렸다. 나는 너를 찾아 삼백여리 먼길을 걸어와서 네게 몸을 의탁하고 교육과 수양으로 몇 해를 지나련다. 선천아 외로운 나를 잘 길러다오!

선천읍에 들어가 서북으로 한참 걸어서 읍내에서 십리쯤 떨어진 농건리라는 농촌에 강유태 선생댁을 찾아 하루밤을 자고 강선생의 소개로 그 마을에서 조금 떨어져 있는 곳에 강규찬 선생을 찾아 인사하였다. 강선생은 신성중학교의 한문선생으로서 교내

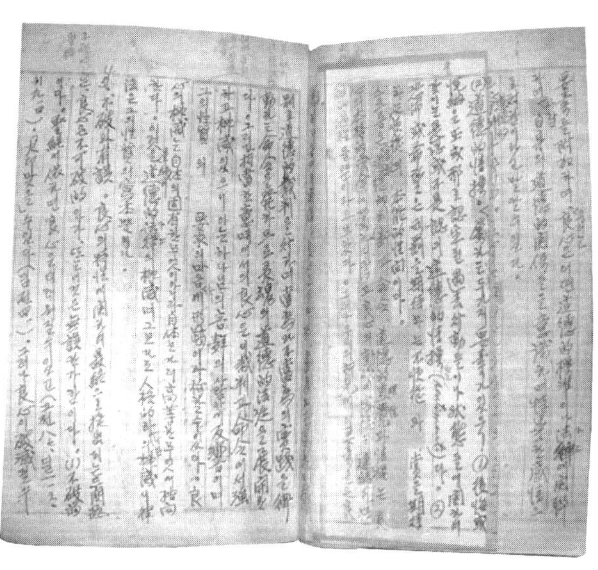

박형룡 박사의 교의학 원고(1940)

와 교계에 덕망이 높은 한학자, 진실한 신자, 웅변가, 학문과 덕을 갖춘 분이었다. 그는 선천읍북교회에 영수직을 가졌을 뿐이나 이따금 강단에 나오면 그 많은 학식을 기울인 설교가 항상 청중의 마음을 흔들었다. 읍내에 살고 있으나 자주 농촌 본가에 나가서 부모께 효도로 대하며 가사를 살피는 것이었다. 강유찬 선생의 인도로 읍내에 들어가서 신성중학교에 입학하고 기숙사에 머물렀다.

신성학교는 벌써 봄 학기가 개학한 지 한달이 되어 입학기가 아니었으나 교장 윤산온 선교사의 특별 배려로 2학년에 입학하였다. 몇 년 전 의주 양실학원에서 1학년을 마친 성적이 있었기에 월반으로 입학한 것이다. 다른 과목들은 무난히 따라갔으나 영어는 처음인고로, 게다가 학기중간에 입학한 때문에 혼자 공부하여 떨어진 것을 보충까지 하노라고 애를 많이 썼다. "National Reader" 제1권을 첫 페이지부터 A,B,C,D부터 공부하려니 힘이 많이 들었다. 그러나 열심히 공부한 결과 6월 학기말 시험을 무사히 통과하고 완전 입학이 되었다.

당시 신성학교 선생과 학생 중에는 백오인 사건에 잡혀가서(경성 경무총감부) 모진 고문을 많이 받고 약 1년 만에 석방되어 돌아온 자가 많이 있었다. 선생 중에는 강규찬, 곽태종, 홍성익, 선우혁 씨 등, 학생 중에는 나봉규, 선우훈 등이었다. 백오인 사건으로 일본 경찰이 신성학교 선생, 학생을 닥치는대로 체포하므로 학교가 폐교된 때가 있었으나, 그 때는 그 사건이 이미 종말을 지은 고로 학교가 다시 활발히 나가면서 교내에 애국정신이 열렬히 움직이고 있었다.

교장 윤산온 목사(George S. Mecuine)는 능력이 많은 지도자로서 백오인 사건 시 많은 선생과 학생이 투옥되어 고문당하고 있을 때 서울을 자주 왕래하며 그들이 석방을 위해 온갖 노력을 아끼지 아니했다. 또 그들의 뒷바라지를 위해 애쓴 과거를 가진 인물이었다. 그래서 그는 일본경찰에게 주목을 받는 한국 애국자가 되었고 학교기도회 시간에는 눈물을 흘리며 설교할 때가 많았다. 일본의 박해 아래 사는 한국 성도들의 유일한 친구, 동정자, 후견인은 미국영 선교사였는데 그 중에서도 윤산온 목사는 가장 신망 높은 동정자요, 후견인이었다.

6월경에 여름방학이 되어 벽동 고향 본가로 돌아가서 여름을 지냈다. 돌아오는 길에 평양신학교에 가서 공부하고 방학되어 돌아오는 벽동읍교회 전도사 최봉석씨와 선천에서부터 동행하였다. 그는 벽동읍교회 전도사로서 군 경내 다른 교회들까지 돌아보면서 일년에 한번씩 평양에 가서 신학을 공부하고 오는 것이었다. 그 후에 "최권능 목사"로 알려진 열렬한 부흥사였다. 동행하며 보니 길에서 만나는 사람마다 "예수 믿으시오, 예수 안 믿으면 지옥가서 닭의 숨쉬게가 되오." 하고 반드시 전도하였다. 창성에 이르러 그의 제의에 따라 몇 달 전에 선천으로 갈 때 하루밤 묵었던 하집강 친척집에 들어가 하루밤 잠자기를 청하여 머물게 되니 그 댁에는 불청객을 다시 유숙시키기에 괴로움이 컸을 것이다. 최조사는 주인의 자제되는 청년들에게 전도하며 밤 깊도록 변론하니 그들은 역겨워하는 눈치었다. 집으로 돌아온 후 신성학교 선생이던 선우혁씨가 전도인으로 산촌을 순회하면서 학면용평에 들려서 주일을 보며 인근에 전도하고 우리집에 오셔서(나의 요청에 의하여) 내 부친께 전도하였다. 나는 그 해 여름 어느 주일날 용평리 교회에서 최봉석 전도사에게 학습문답을 하고 학습인이 되었다. 작년에는 최 전도사 학습문답을 하였으나, 불신 부모가 불신 여자에게 결혼을 강요하면 어찌 하겠느냐 하는 질문에 답하지 못한 고로 낙제하였던 것이다.

그러나 이번에는 그 문제에 정확히 답하므로 (불신여자에게 결혼하지 않을 것을 확언하므로) 학습인으로 교회에 공포되었다. 가을 9월에 선천 신성중학교로 다시 가서 제2학년 제2학기 학업을 정규생으로서 시작하였다. 각 과목을 재미있게 공부하였다. 강규찬 선생의 사도사는 그의 한학문에로 준비한 강의였으므로 참으로 흥미진진하였다. 남행리 선교사의 구약역사는 블리키(Bliki)의 원저를 평양주재 소안론(Swallen) 선교사가 번역한 "구약사기"를 교과서로 사용하는 과목으로서 구약공부를 많이 하여 평생에 유익하게 사용할 성경상식을 얻게 하였다. 또 자습으로 성경공부에 많이 매진하였다. 마태복음을 한문주석에 의해 해석 필기 하였으며 그 복음의 내용요약을 한시로 기억하였다. 그것은 창작이 아니라 당시 성경 애독자들이 흔히 하는 일을 모방함이었다. 예컨데 그 시는 다음과 같았다. 마태일장기독보, 동녀탄생구세주, 마태이일상경전, 현유천권자농석 같은 것이다.

신성학교의 기숙사는 3동, 교사는 휴오리1관, 모두 아담하게 지은 건물들이고 기숙사학생들은 자취가 대부분이요, 식모를 두고 생활하는 학생은 부유한 가정 출신의 소수이었다. 그러나 후에는 점차로 모든 학생이 식당을 만들어 조직하고 식모에 의해 식사를 준비하게 되었다. 밥 먹는 일은 빈부차등을 가지고 조직되어 흥양회, 지도회, 역낙회 등이 있었다. 식사도 백반, 상반, 서반의 차별이 있었다. 나는 자취도 해보고 식회에도 들어보고 인근 개인집 하숙도 하였다.

학생 중에는 고학생이 많았다. 고학생의 작업 때문에 수업시간을 2분하여 2학급은 오전에 공부하고 오후에 작업케 하고 타 2학급은 오전에 작업하고 오후에 공부하였다. 나도 제2학년 2학기부터 고학을 시작하여 각종노동을 골고루 하였다. 나는 손재주가 없어서 기술을 요하는 노동에는 실패를 거듭하였다. 학교 목공소로 가서 목공일을 하면서 대패로 나무를 밀었으나 감독이 와서 검사하고는 평판이 받듯하게 밀어지지 않았다고 퇴짜를 놓았다. 나는 며칠 후에 목공소도 떠났다. 교사 아래 하층에서 삿(대우리 또는 갈대를 엮은 갓을 의미함) 엮는 일을 하는데 다른 학생들은 제법 삿을 잘 결어서 시장에 팔리는데 나의 삿은 욥질굽질하여 삿의 형체를 이루지 못하므로 공장감독이 나의 삿은 시장에 팔 수 없고 불이나 떼어야 되겠다고 판단을 내렸다. 삿 결어서 수입을 얻어 학비로 충당하기에는 희망이 없었다. 그 후 나는 양말 짜는 일을 시작하였으나 기계가 말을 듣지 아니하여 양말이 짜여지지 않으므로 그것도 오래 계속하지 못했다. 나는 기계를 돌릴 때마다 먼저 심중에 기도하고 돌렸으나 양말은 짜여지지 아니하였다.

윤산온 교장이 안식년을 맞아 귀국하고 남행리 선교사가 대리교장으로 있을 때, 그는 나의 고향 벽동군 여러 교회를 돌아보는 선교사이므로 특별히 동정하여 학교의 종치는 일을 나에게 맡겨주었다. 이의화 라는 하급생과 함께 그 일을 하며 월급을 받고 보니 고학생으로는 매우 편리한 직업을 얻은 것이다. 그러나 그 일로 1년을 채우기 전에 학생들이 선생 몇 분에게 불평을 품고 동맹휴업을 하며 폭동을 일으켜 문제의 선생들에게 폭행을 하고 학

교의학자인 박형룡 박사와 실천신학자인 명신홍 박사

년말 시험을 마치지 못한 채 헤어지고 말았다.

나는 그 동맹휴학 주모자들에게 학교교실을 개방하여 비밀리에 협력하였다는 죄책을 지고 정학을 당하니 타종직을 빼앗김은 물론이었다. 나는 머지 않아 해벌되어 다시 등교하였으나 학교에 종 치는 직책은 회복되지 않고 미동병원 벽돌을 지는 고역을 하게 되었다. 즉 선교회가 그 경영하는 미동병원을 개축하노라고 대목 산하에서 시내에서 병원기지까지 기와를 운반하는데 신성학교 고학생들을 사용하므로 거기 가서 기와를 지게로 져서 날으는 일에 참가하게 되었다. 그것은 기술이 아니므로 못할 일은 아니지만 체력이 약하여 다른 학생들은 한 짐에 26개를 지는데 나는 19개 밖에 지지 못하니 남과 같은 수입을 얻을 수 없었다.

이 동맹휴업 사건과 처벌 등은 윤 교장이 귀국한 후에 되어진 일이다. 기와 지는 일이 끝난 후에는 농사관계의 일로 바꾸어 변소를 치기까지 하였다. 그렇게 제4학년 제1학기를 필하였다. 하기방학에 벽동 회면 영간 본가에 가서 피혁재료를 손으로 베껴서 말린 후 한짐 지고 가을 학기 개학에 선천으로 지고 왔으나 품질이 좋지 못하여서 몇 푼 받지 못하였다. 가을 학기 개학 후에는 윤 교장이 다시 나를 후대하기 시작하여 나와 김내흥(하급생)을 노동감독으로 세웠다. 고학생들을 인솔하고 노동을 지도 감독하게 되었다. 우리 두 사람은 오전반과 오후반을 각 분담 감독하였다. 그러나 나는 감독이라고 감시만 하기가 미안해서 다른 사람들과 함께 일을 하곤 하였다. 신성중학교 3학년 고학생활이야말로 참으로 일하지 않으면 살지 못하는 노동생활! 뼈저리게 힘드는 생활이었다. 본가는 항상 빈궁이 떠날 날이 없이 이리저리 이사하여 다니며 생활을 유지하기가 극히 어려워 학비를 보조할 힘이 없고 방학 때에 찾아가서 살다가 개학 때에 여행비와 약간의 보조금을 타 가지고 올 뿐이었다. 선천에서 벽동이나 창성의 본가가 3백여리나 되어 항상 나흘을 걸어서 가기도 하고 오기도 하는 것이었다. 태산준령과 장강대천을 넘고 건너기에 발이 부풀고 땀이 흘렀으나 장래희망을 두고 인내에 인내를 더하여 3년을 지났다.

신성학교 3학년은 내게 있어서 신앙생활에서 자리를 잡은 중요한 시기다. 본래 벽동 고향에서 신성학교를 찾아 온 주요 동기는 이 곳은 신앙생활의 영적 분위기가 훌륭하다는 말을 들은 데 있었다. 우리집은 불신가정이요, 빈궁에 헤매이며 사업에 좋고 나쁨을 가리지 않는 환경이니, 신앙생활이 부자유하고 또 교회직원들이라 하더라도 권위 있게 신앙지도를 할 이가 보이지 아니하였던 것이다. 신성학교에 와보니 매일 학교기도회가 있고 주일오전에는 학교에서 학생주일학교가 있고 주일 오후 대예배, 주일

1962년대 총신 교수들의 면모

밤 찬양예배, 수요밤 기도예배는 교회에 학생전원이 출석 참가하되 북교회와 남교회 두 곳으로 분반하여 출석하였다. 나는 북교회에 출석자로 되었다. 신성학교 맞은편 선교사촌에 연접하여 보성 여중학교가 있는데 그 여학생들도 신성학교와 같은 식으로 예배드리는 생활을 하였다. 예배당에는 남자석과 여자석 사이에 휘장이 있어 예배하는 남녀가 서로 보지 못하는 것이 한국 어느 교회에서나 지키고 있는 예법이었다. 주일 오전 주일학교에는 선교사가 와서 예배를 인도하고 성경공부는 분반하여 섞었으며 교회 주일학교에 가서 일하기도 하였다. 당시 북교회 목사는 그 유명한 평양신학교 제1회 졸업생이며 한학자인 양전백 목사였고 강규찬 선생이 전도사로 시무한 때가 있었으며 남교회에는 노동자로서 입신자수하여 목사가 된 웅변가 김석창 목사가 담임하여 목회하였다. 선천은 평안북도 교회의 중심지이므로 매년 한 번 모이는 평북도사경회, 도제직사경회, 여자도사경회 등이 이 곳에서 흔히 북교회에서 모였다. 평북의 모든 목사 조사들이 와서 북교회에서 능력있는 설교를 듣고 영적감화를 받을 수 있었다. 음력 정초 본교회 도사경회에는 오전에는 성경공부를 하고 오후에는 농촌으로 가서 전도하는데, 학생으로서 따라 다니며 협조하기도 하였다. 나의 내면적 신앙생활에 노력과 안정은 이 기간에 확실히 다져졌다.

그동안 신앙생활을 한 지 수년이로되 잘 깨닫지 못하고 신앙의 내실을 추구해 본 지 오래되어 또한 체험하지 못한 나의 실망은 컸다. 나는 하나님께 간절히 기도하며 노력했건만 죄악을 끊어버리지 못하고 신앙의 실제성도 의문임은 신성학교 오는 도중에 태산준령을 넘을 때 겁이 나고 두려움이 있음을 보아서 알 수 있다. 성경에 의하면 구원 얻을 자와 지옥갈 자가 다 예정되었다고 하는데 나는 아무리 기도하고 노력하되 성결도 안되고 신앙도 부실하니 나는 지옥갈 자로 예정된 것이 아닌가? 하나님께서 타인들에게 주시는 성결과 신앙을 나에게는 왜 아니 주실까? 의혹과 번민이 많았다. 선천에 와서 강규찬 선생을 찾아 만난 지 얼마 후에 한번은 그를 방문하여 나의 신앙생활에서 고심하고 참담한 노력의 경로를 고백하고 참 신앙이 없는 실망할 만한 상태를 진술하여 해결의 법을 가르쳐 달라고 요청하였다. 강선생은 여러 가지 문제로 나의 신앙경험의 내용을 들어보시더니 하나님의 은혜를 감사하는 생각을 가져본 때가 있느냐고 질문하셨다. 나는 하나님의 은혜에 감사 감격하여 눈물을 흘리며 기도한 때가 여러 번 있었다고 답하였다. 강선생은 확실히 말하기를 그러면 됐다. 하나님의 은혜를 감사하는 것은 신앙이 있는 증거다. 신앙 없는 사람은 하나님의 은혜를 감사할 줄 모른다고 하셨다. 그래서 나도 부족한 신앙일망정 신앙을 가진 줄로 느끼었다.

성결문제에 대하여는 현세에서는 온전한 거룩에 도달할 수 없으나 그리스도의 은혜로 구원을 얻을 것이니 그 은혜에 확실히 의지할 것이라는 진리를 깨닫게 되었다. 루터가 수도원에 들어가 성결생활을 열렬히 추구하다가 낙심하고 실망하였을 때 순회 수도사 스도비치의 교훈을 받아 그리스도의 은혜로 구원 얻는 진리를 알고 스스로 위안을 받았다고 하는 역사적 이야기는 나에게 큰 격려를 주었다. 그래서 나도 신앙이 있는 자요 구원 얻을 희망이 있는 자라는 확신을 가지게 되었다. 루터의 개종과 변화의 이야기는 나의 기도생활에도 많은 충동을 주었다. 나는 루터가 하루에 기도를 120차례나 하였다고 하는 이야기를 듣고 나도 그리하기로 결심하였다. 새벽에 자리에서 일어나면서부터 기도를 시작하여 교실에서 공부하는 시간에도 심중 묵도를 하고 기타 어떤 자리에서나 길을 걷는 중에서나 교실에서 자습 중에나 마음으로 묵상기도를 계속하니 하루에 120번 기도를 할 수 있었다.

그러나 이것은 얼마동안 하여본 일이요, 그 후에도 계속한 것은 아니다. 양말을 짤 때 기계가 말을 듣지 아니하여 양말이 짜여지지 않고 떨어지곤 할 때 기계를 돌리기 전에 반드시 묵도를 한 일은 기도의 회수를 더욱 많게 하였다. 선천북교회에 김익두 목사가 와서 부흥회 설교로 예수의 재강림을 고대하라는 권면을 하면서 우리는 당연히 밖에 나가 기도하며 주 재림하시기를 간구하고 일어나면서 하늘을 쳐다보면서 주 나의 하나님을 갈망하는 태도를 가져야 된다 하였다. 그래서 그대로 실행하기를 얼마동안 하였다. 학교 타종역을 할 때 학교 교실에서 숙직하며 자다가 차가운 밤하늘을 보고 밖으로 나가 흰눈이 쌓인 교실 뒷뜰에서 주님의 재림을 기도하고, 하늘을 우러러 주님의 재림을 소망하였다.

학기시험을 칠 때 각 과목 복습에 최선을 다하고 많이 기도한 후에 시험장에 들어간 즉 반드시 우수한 성적을 내게 되고 실패하거나 낙제하는 일이 없었다. 한 번은 시험준비를 충분히 못하고 보아야 할 내용들을 보지 못한 채 시험장에 들어가면서 간절한 기도를 올렸더니 이상하게도 내가 준비하고 충분히 답할 수 있는 문제들만이 나오지 아니했나? 그래서 나는 그 날 만족한 답안을 내었다. 그 후부터 나는 이런 경험에 의하여 신학생들에게 부탁하는 금언을 만들어 기회가 있을 때마다 말하곤 했다. 즉 "시험준비 잘하고 기도 많이하고 시험장에 들어가면 낙제되는 법이 없느니라" 고 자주 말했다. 나는 중학, 대학, 신학의 공부를 계속하면서 학기말시험을 치른 것을 합하면 총계 약 130회인데 앞서 말한 방법대로 했더니 매 번 시행한 결과로 한번도 시험에 낙제한 일이 없었다.

2학년을 마치고 봄학기 개학을 기다리는 휴가중에 〈창성 대유동 본가〉로부터 어머님이 중병에 걸려 매우 위독하다는 연락이 왔다. 학교 지하실에 내려가서 하루 금식기도하고 그 후 봄학기를 개학한 후에도 기도를 계속한 후 6월경 여름방학이 되어서야 귀가하게 되었다. 서양 선교사가 경영하는 미동병원에 가서 의사에게 모친의 병의 증상을 인편으로 들어 안 대로 부종병이라고 말했더니, 의사의 말에 부종병에는 고항부종과 전신부종의 두 종류가 있는데 지금 이것은 어느 부종인지 알지 못하니 답답하다고 했다. 그러나 전신부종으로 짐작된다 하면서 해당한 물약 한병을 지어주었다. 그런데 그 약을 개나리 봇짐에 달고 4일간 여행을 하다가 부주의하여 일부를 흘려 버렸는데 본가에 가서 그 간의 일들을 모친께 드리고 복용케 한 후 모친을 위하여 기도하였더니 그동안 백약이 무효했던 병이 참으로 신통하게 이틀 후에 치료가 되었다. 나의 본가가 있는 대유동은 유명한 광산지대라 의약이 많아 모친의 병을 몇 달 치료하였으되 병이 차도가 없었는데 3백여리 밖의 의사가 진료도 없이 짐작하고 지어준 약이 이병을 고치다니, 이야말로 하나님의 특별 섭리의 은혜와 사역이 있은 결과가 아니고 무엇이랴?

그보다 여러해 전에 내가 벽동군 도사경회에서 은혜를 받고 바로 믿기로 결심한 후 그 해 겨울과 이듬해 봄에 걸쳐 용평리교회에서 주일공과로 사도행전을 공부하면서 사도바울의 행적에 깊은 감화와 인상을 얻어 복음진리를 위해 주님의 일군이 되고저

하는 열망이 마음 가운데 있었던 것이다. 집으로 돌아온 후에도 그 염원은 계속하였으며, 신앙생활에 노력과 안정이 됨에 따라 그 염원은 날로 더해갔다. 1914년, 2학년 2학기 10월 21일 주일 오후 학교의 뒷편에 솟아있는 실천문의 생진산 격인 대목산에 올라가 눈 아래 펼쳐진 읍내의 전경을 내려다보면서 삶의 미래를 마음 가운데 고민하다가 문득 복음사역에 헌신하기로 서약하는 글을 종이에 써 놓고 하나님 앞에 기도하므로 목회자로 일생을 바치기로 서원하고 뜻을 굳혔다.

나의 서약문은 성경 빌립보 2장 성구를 기초로 하여 작성한 것이다. 그 날 나의 일생 행로는 정하여졌다. 그 후는 어떻게 해서 그 서원을 실행하기로 충분한 준비를 갖추느냐가 내 앞에 놓인 과제였다. 그 다음해 이른봄 어느 날 선천북교회에서 양전백 목사에게 세례를 받아 그 교회의 교인이 되었다. 그 후 봄학기부터 인가, 그 교회 당회의 임명으로 학생석 사찰이되어 예배시간에 학생석을 감시정돈하는 책임을 맡았다. 나에게 이런 교회직무가 오게 된 이면에는 강규찬선생의 소개가 있은 상 싶다. 강선생은 나의 신앙생활에 모범이 되셨고 나를 알뜰이 지도해 주셨으니 그는 과연 독특한 자기 자신을 아는 자 였던 것이다. 그는 한때 신성학교의 학감이 되어 학생들의 품행을 살피는 데 나를 비밀조력자로 썼던 것이다. 그래서 나는 일시 학생들의 미움을 받는 곤경에 처하였던 것이다. 학생들은 기숙사 각방에서 야간예배를 보며 주일 낮과 밤, 수요밤의 교회예배에 전원출석하는 경건생활의 형식을 잘 갖추었다. 그러나 그들의 언행동작에 무절제한 태도와 불성실함이 많이 보여 나는 크게 실망하였다. 그들의 생활은 참된 그리스도인의 생활이 아니오 그저 철없는 청소년들의 거동같이 보였을뿐이다. 나는 결코 그들과 같이 어울려 행동하지 않기로 항상 주의하였으니, 그들의 보기에 항상 외톨이요 성격이 괴상한 사람으로 보였을 것이다. 그러나 그들은 오히려 나를 전혀 적대시한 것이 아니라 더러는 존경을 해주었다. 그래서 그들은 "박목사"라는 별명으로 나를 불러주었다. 그런가 하면 고향에서 온 같은 반 친구인 김인빈 군에게는 "김장로"라는 별명을 주었다.

나는 학생들의 전도활동에 한 몫을 담당하고 농촌전도운동에 적극적으로 나섰다. 주일마다 가까운 시골교회에 가서 그 곳 사람들에게 전도하고 교회에서 주일예배에 설교하는 일이 종종 있었다. 동창생 중에는 장년도 여럿 있고 교회에서 집사직을 맡아 행한 경험자들도 있어 전도활동에 선봉을 맡거나 지도자가 되는 때도 있었다. 그 때 같이 농촌전도 중에 사토, 동성헌 등이 인곡 등지에 농촌전도하던 일이 기억에 남아 있다. 특히 장경화, 김영로 등은 좋은 동급생들이었다. 방학이 되면 산골 본가에 왕래하면서 지나가는 사람들에게 전도하는 일과 본가에서 휴가를 지날 때에는 나가서 여기 저기 걸어다니면서 전도에 열심을 내었다.

제4학년 겨울방학에는 윤산온 교장의 지도하에 김영로군과 함께 인곡(인천읍에서 서쪽으로 수청고개를 넘어 내려가서 있는 촌락)에 가서 전도하여 새신자 수십명을 얻었으므로 그곳에 이미 있던 예배처소를 부흥시켰다. 그 때 전도활동중의 비용을 후원한 이는 윤 교장과 친밀한 관계에 있는 새로 온 선교사 소열도(T. Stanley Soltsei) 목사였다. 대학 4학년을 이수하고 졸업하였다(그때 학제에 의하여). 졸업시험은 장감선교회공동으로 선교회중화교육을 공동지도하는 소위 관리회의 출제에 의해 보았는데 우등성적을 얻었다.

특히 나는 국한문 작문에 자신있었다. 졸업식은 북교회에서(1916년 3월 1일)거행하였는데 8회에 8명(이윤봉, 최국인, 안권영, 정두선, 주병호, 노성원, 김인빈, 박형룡)이 졸업하였고 나는 연설의 순서에 교수회에 뽑혀 확실한 입지로 환경의 유혹을 극복하여 큰 목적을 향하여 전진할 것을 염원하는 뜻의 열정적인 말을 10여분간 외쳤다. 3년간의 고학을 하고 난 후에 받는 중학졸업! 참으로 감개무량하였다. 윤 교장이 계시지 않았기에 소열도 선교사가 대신 졸업식 훈사를하였다.

윤 교장 지도 하에 신성학교의 특색적인 관례대로 졸업생들은 백색 두루마기에 자색토수를 끼고 백색 사각예모를 쓰고 식에 참석하였다. 신성학교에 다닐 때, 연설의 연습으로는 교내토론이나 웅변대회에 연사로 나간 외에도 농촌에 가서 전도하는 중에 농촌교회의 강단에 설교하는 경험을 얻었고 고향교회(학면 용평리)에서도 설교하였다. 문예적 훈련으로는 일어로 된 요한 웨슬레전을 번역하여 출판하려고 서울기독신보사에 번역본을 보내어 동신보에 게재하였다. 또 신앙시 몇 수를 동 신보에 게재하였다. 그 때 박형룡이라는 이름 대신에 "시온산인"이라는 아호로 이 문장들을 게재하였다.

총신 교장 시절의 박형룡 박사

5 숭실대학

신성중학교 졸업이 가까워지자 졸업 후 상급학교입학을 숙고하고 번민하던 시기에 윤산온교장은 평양숭실대학에 가서 입학할 것을 권유하며, 지난 겨울방학에 농촌전도의 재정후원을 한 소열도 선교사가 그 때 나의 전도성적이 좋은데 감동되어 나의 숭실대학을 수학하는 동한 학비원조를 하기로 했다고 말하여 주었다. 그 때 학생들의 보통 생각하기를 대학교육이라 하면 의례히 일본에 가서 받아야 되는 줄 알았고 숭실대 가는 것은 애착심이 생기지 않는 터이었다. 그러나 갈 길이 그곳으로 밖에 열리지 아니하니 숭실대로 갈 수 밖에 없었다. 숭실대로 가는 것도 내 힘으로는 미급한 터인데 은인이 생겨 후원을 약속한다 하니 감사히 받는 것이 도리상 당연하였다. 신성학교 졸업후 신성기숙사에서 나와 준비한 후 평양으로 가게되었다.

1916년 4월 초 쾌청한 날 신성학교를 전에 졸업하고 숭실대 재학중인 김태헌씨와 같이 차를 타고 선천을 떠나 평양에 향하였다. 지난 3년간 고학으로 단련하던 나의 대훈련의 장소, 정들고 낯익은 선천 땅을 뒤에 두고 보다 더 큰 훈련의 처소를 찾아가는 나의 심정은 감개와 열망이 교차하였다. 평양에 내리니 평생에 많이 듣고 많이 동경하던 아름다운 강산을 처음으로 대하는 기분은 유쾌하고 정신이 맑아지는 듯 했다. 그러나 금후 4년간 이곳에서 나의 당할 일들은 그 무엇무엇인가? 보다 더 큰 의무와 노력의 지역에 발을 들여놓은 나의 신세! 과거에 도와주신 하나님의 도움을 믿을 뿐이었다. 숭실대 근처 하숙집에 들어 다른 학우들과 어울렸다. 입학은 무시험으로 되고 고학할 일감도 무난히 얻은 것은 선천의 윤산온 교장의 소개가 있었기 때문이었다. 작업은 처음에는 다른 학생들과 함께 학교구내에서 육체노동을 하였으나, 얼마 안 있어 학교사무실로 들어가서 사역을 하게 되었다.

먼저는 숭실중학교 사무실에서 차문걸선생의 조교가 되었고 후에는 숭대사무실에서 조응천선생을 도왔다. 그후에는 양촌으로 나가서 배위량박사의 저술사업에 조교로 도우며 졸업시까지 이르렀다. 그 때 나는 서투른 영어를 가지고 무디설교집을 번역하여 배박사 역서로 간행한 바 있었다. 또 얼마간 소안론 선교사의 서제에 가서 그의 기독교윤리학평서를 재간행하기 위하여 문장을 수정하는 일을 맡아 본 때가 있었다. 고학이라 하나 4년간 내내 책을 번역하는 것으로 생활비를 벌었고 부족한 비용은 보충으로 소열도 목사가 매월 만주로부터 송금하여 주니 안심하고 수업할 수 있었다. 이것은 '선천에서 3년간의 고역이 지나간 후에 하나님이 주신 위안의 은혜가 아닐까?' 라고 생각했다.

숭실대의 조직은 어떠하였는가? 창립자는 제1대 교장인 배위량(Wm. Baird)박사는 내가 입학하기 1개월전에 사임하고 대구계성중학교장이던 나도래씨(R.O.Riener)가 전임되어 신임교장으로 부임하였다. 그는 현명한 교육가이었으나 일본정부 당국의 교육방침에 가볍게 순응한다는 비난을 들었다. 몇 년을 지나서인가, 그는 사임하고 마포삼열박사가 교장으로 부임하였다. 마박사(S.A.Mofett)는 장로회신학교의 창립자요 제1대교장으로서 신학교장직을 사면하였다. 그러나 마박사는 잠시 교장의 자리를 채운 모양이고 숭실대에 적극적으로 나서지 아니했다. 교수진에는 편하설, 모의리, 심익순(Bienheishel, Mowry, Sinich) 세 분 선교사와 유교성차랑이라는 일본인과 한문선생으로 조 설, 홍원표씨 등이 교수하였다. 이렇게 교수진이 전부외국인이며 선교사들은 학습한 한국어로 고등학문을 교수하고 있으니 학생들에게 만족을 주기 어려웠다.

그러나 당시에는 한인신자로서 대학교수가 될 만한 인재가 없었으니 학생들은 만족하여야할 처지에 있었다. 나 자신도 학업에 만족을 느끼지 못하고 마음 가운데 불평을 품은 때가 있었다. 1학년에 함께 입학하였던 이창근, 유형기군은 다음 해에 일본으로 유학가고 말았다. 그러나 나의 처지는 불만을 참고 교역자양성을 목표로 하는 그 대학교육을 감사히 받지 않으면 안될 운명아래 처하였다. 학생들은 삼, 사십세의 늙은 학생들이 많고 그중에는 교역에 경험이 풍부한 인물들도 더러 있었다. 과연 교역준비의 교육으로 만족할수 있는 학생들이 많이 있었다. 그 중에는 웅변가와 지사들로 있었다. 학생들의 활동기관으로 문학부와 전도회가 있었다. 문학부는 웅변회의 개최와 문학보(프린트)의 발간을 사업으로 하였다. –웅변회에 우수한 외부 강연으로는 강규찬 목사의 "보물출세담"과 채필근 전도사의 "베드로의 동물 학"이 인상깊었다. – 내가 문학부 웅변회에 연사로 나서 요한 웨슬레전을 말한 일이 오래토록 기억되고 문학보에는 매월당 김시습의 생애를 게재한 것이 오랫동안 잊을 수 없다. 제4학년 말에 "숭대타임스"라는 교내신문을 창간하며 주필이 되어 창간사를 썼다.

제1학년 말에 졸업식 주간 행사의 하나로 교내 웅변대회가 열렸는데 1학년 대표로 이수현군과 내가 연사로 추천되었다. 나는 학년말 바쁜 중에 이 큰일을 감당하기 어렵다고 생각하여 사면하였더니 대신으로 김예진군이 선발되어 출연하였다. 연사들은 애국사상을 가진 연설을 외쳤다. 이수현군의 놀라운 수사는 오래토록 잊혀지지 않았는데 "나포레옹이 선봉이 되고 철목진이 후군되어 천병만마 몰아올지라도 두려울 것이 없다" 하더라. 연설회가 끝난 후 연사들은 모조리 일본경찰에게 끌려가서 욕을 보고 학교로부터 퇴학을 당하였다. 특히 김예진군은 나의 대신으로 출연하여 저리되어 평생에 미안한 생각을 금할 수 없었다. 나로서는 이 위험을 사전에 피하므로 숭실대에 졸업하기까지 수학하게 되니 이에 하나님의 섭리의 사역이 있음이 아닐까?

전도회는 숭실중학 전도회와 연합하고 전도인을 파송하여 교회를 개척설립하는 일을 하였다. 김선두목사 연합회장 아래에서 나는 서기로 일하면서 백윤홍씨를 충북옥천에 파송하여 전도하게 할때 통신연락의 임무를가지고 조그마한 봉사를 행한 바 있었다. 전도대가 보다 더 대규모로 하는 일은 여름방학과 겨울방학에 학생들을 부흥사경대로 편성하여 연약한 교회에가서 부흥사경회를 인도하여 전도하게 하는 일이었다. 상당히 큰 교회들이라도 숭실대 부흥사경대를 청하는 이유는 이들은 사경과 집회설교에 열열할 뿐 아니라 축호개인전도에 활발하기 때문이다. 일반적

海東第一先知校風霜
萬古不動繼守真育英
長歲月千々門徒廣宣教

一九六七年聖誕節 朴亨龍

박형룡 박사 휘호

으로 목사를 청해서 사경회를 하는것보다 교회부흥에 더 유익하다고 교회들은 생각하였던 것이다. 1917년 여름 6월, 숭실대 2학년 1학기를 마치고 여름방학이 되었을 때 고향 본가로 돌아갈 단계이지만 전도와 사경회를 인도하느라고 십일을 지체하였다. 먼저는 소열도 목사의 지시와 후원을 받아 선천 동성현교회로가서 개인전도와 교회인도로 한달가량 보내었다. 그 교회창설자인 최예수라는 노인은 나의 전도에 감동되어 몸의 불편을 무릅쓰고 다니다가 득병하여 별세하였다. 그 때 결신자는 얼마 있었으나 영구히 신자된 자는 몇이나 되었는지 그 후 소식을 몰랐다. 선천읍에 들어가 소목사에게 전도보고를 드리고는 평안남도로 나와서 평원군 한천에 가서 한천교회부흥회를 인도하였다.

동반자는 숭실대 같은 학급의 김지백 군이었는데 그는 능변웅변의 청년이다. 그는 확실히 의지할만한 일군임에 틀림없었다. 그러나 우리 두 사람이 다 연소한 서생들이니 한천교회같이 역사가 오래고 노인들이 눌러앉아 있고 경험많은 이 용 목사가 계신대교회에 부흥사로는 전연 적당치 아니하였다. 자연히 나는 용기가 줄어들고 마음이 떨렸다. 또 나는 강단설교의 경험은 더러 있었지만 부흥사경회의 선생으로는 평생에 처음이었다. 무경험한 초보가 너무 과분한 교회임을 어이 감당할까? 그러나 후퇴할수는 없으니 결사전진할 수 밖에 없었다. 나는 그 때 하나님께 간절히 기도하고 확실히 의지하고 전력을 경주하여 외치기를 시작하였다. 첫 집회에 보니 교인출석자가 적고 제직원들이 와 앉았을 뿐 이 교회는 큰교회라는데 사경회 가 이꼴이니 필시 병든 교회임이 확실하다. 설교 중에 "제직원만 모여 예배보는 교회가 어디 있느냐"라고 큰 소리로 경고를 발하니 제직원들이 머리를 숙이고 부끄러움을 느끼는 모양이었다. 설교를 마친 후에 본교회 목사가 일어나서 열렬히 광고 지시하는 말이 우리 교회는 경성하여 은혜받지 않으면 안될 터이니 아침 새벽기도회에 다 나오며 다른 사람들을 인도하여 오고 원거리의 교인들은 그 근처에 처소를 정하고 회집하여 새벽기도하고 모든 교인들을 다 인도하여 금번부흥회에 합심하여 은혜를 받자고 했다. 거기서 출발하여 그 부흥회는 대성황을 이루었다.

그 교회 기독교인으로 "한다리"라는 촌락에 최참사의 미망인과 자녀가 부자로 사는데 그 가정에 초대받아 가보니 그 최부인의 친정모친이 왔는데 그는 전 벽동군수 박인옥씨의 부인임을 알았다. 박군수가 나의 본향 벽동에 와서 선정하던 이야기로 그들에게 들려주었다. 박 암동은 후에 나의 처 삼촌이 되었다. 한천을 떠나 본향 벽동으로 향하여 삼, 사일을 여행하여 고향 본가에서 1일 정도 되는 창성 대유동에 도착하여 부형의 친지 강창씨 댁을 찾아 머물기로 하고 강씨에게 인사하니 강씨가 갑자기 말하기를 조모님이 얼마전에 별세하셔서 부고가 왔으나 자기는 가보지 못하고 조의금만 조금 보내었었노라고 하면서 자네는 이 부음을 이미 알고 오는가 하였다. 이 비보를 접할 때 웬일인지 마음에 무덤덤하고 눈물도 나지 아니하여 울 수 없으므로 그에게는 이 부고를 이미 들었다고 거짓말로 대답을 하였다. 얼마 전에 귀가기일을 우리집에 알려줬던 결과로 내 동생 형봉이 하룻길을 걸어 찾아와서 강씨 댁에서 같이 잤다. 동생을 만날 때에도 조모상에 대한 비통한 마음이 없었고 그 다음날 형제가 같이 하룻길을 가며 지난 이야기를 했지만 슬픈 마음이 없었다. 그러나 막상 석양에 벽동군 회면 큰 동구천 우리집 근방에 이르니 어머님이 마주나오며 통곡할 때 나도 곡성을 발하고 방바닥에 쓰러져 울었다.

나의 사랑의 최고 대상이었던 조모님은 내가 집을 찾아오기 몇날 전에 돌연 별세하여 다른세상으로 가셨구나! 모친의 젖꼭지에서 떨어진 후로 나를 쓰다듬어 길러주시고, 부모는 떨어져 있을 때에도 나를 슬하에 항상 두어 길러주신 조모님, 우리 모든 식구 중에 조모님과 나만이 교회에 나가서 신앙생활을 하노라고 애써왔거니와, 이제 그 조모님이 어디로 가셨는가? 내가 타향에서 고학하다가 하기방학이면 반드시 산골길 이백리를 걸어 본가를 찾아오기는 정든 조모님을 뵈올려고 했는데 이번 여름에도 연로하신(74세) 조모님을 뵈오려고 찾아왔는데 조모님은 갑자기 가셨고나! 가시기도 아깝게 가셨고나, 어머님의 말씀을 들으니 무병강건하시게 지내시다가 한 초저녁 복통이 일어나 고통하시므로 유효한 약이라고 마약을 구해다가 쓴 것이 분량초과로 중독되어 갑자기 실신하고 깨지 못하셨다고 했다. 장례는 학면 용평교회 교우들이 와서 천우리 정자 송선산으로 모셨다 한다. 또 갖낫던 누이 형지도 별세하여 공동묘지에 매장하였다고 슬픔 위에 슬픔이 겹쳤다. 부친님은 지금까지 교회출석을 아니하셨으나 조모상사에 교우들의 신세를 많이 진 때문에 교회출석을 시작하셨다. 다음 주일날 가족들과 함께 교회로 가서 예배드리며 나는 설교하였다. 이것이 출발점으로 되어 우리집은 점차 신앙의 가정으로 되었다.

그 후 양재연 군과 함께 청호리교회에 가서 사경회를 인도하고 문찬규 군과 함께 대송리교회에 가서 사경회를 인도한 것은 겨울방학 혹한 중이므로 여간 힘든 것이 아니었다. 그러나 매번 모험하고 열심히 외친 결과는 참으로 좋아서 승리의 만족감을 안고 돌아왔다. 숭실대 재학 초년인지 둘째인지 문학부 주최의 토론연설회에서 "인생의 쾌락이 정신에 있느냐 물질에 있느냐"의 문제를 걸고 연사 몇사람이 가부편에 갈라서서 대항연설을 하는데 나는 가편에 서고 김희백 군은 부편에 섰다. 김군의 변론은 참으로 훌륭하였다. 심판관으로 장대현교회 기영서 목사와 신학생

최흥종 전도사였다.

기목사가 비평하면서 나의 동작은 춤추듯이 가벼웠다고 유머로 평하고 양편승부를 가르면서 정신편이 겨우 1점 더하여 이긴다 하고 이것은 박군이 춤을 잘춘 덕이라고 유머로 판단을 내렸다. 그 후 어떤 때에는 기목사로부터 초청이 와서 어느 주일밤 예배에 전도인 4명을 파송예배를 보니 와서 설교하여 달라하더라. 그 때 설교에는 창세기 2장을 보고 4전도인은 낙원에서 발원한 4대 강수와 같은 임무를 행하라는 뜻으로 말하였다. 그 후 나는 평양교계와 학계의 강단 연단에 자주 초청을 받았다. 어느 해에는 1년 동안 강단 연단에 선 수를 합해보니 70여회에 이르렀다.

숭실전도대

1919년 3월 1일 서울과 평양을 중심으로 하여 일어난 독립만세 삼일운동은 전국적으로 전개되어 전국각지에서 독립만세를 부르고 일본군대와 경찰의 손에 학살되며 투옥된 자들이 무수하였다. 평양에서는 3월 1일 대한독립선언식과 독립만세운동이 기독교인주도로 장로교측은 장대현 숭덕학교정에서, 감리교측은 남산현교회당에서 거행되었다. 장로측 지도인물로는 김선두 목사(서문밖교회), 강규찬 목사(산정현교회)등이 앞서 지도하였다. 나는 대중 속에 끼어서 독립만세를 불렀으나 지도적 활동을 한 일은 없었다. 숭실대중학교는 선생들과 학생들이 투옥되거나 피신한 자가 많아 봄 학기는 휴교하였다. 숭대교수 모의리(E.M.Mowry) 선교사는 일본경찰이 체포하려는 숭실대 학생 몇

사람을 자기집에 은익한 혐의로 투옥되고 재판을 받아 징역 6개월에 처했으나 집행유예로 되어 실제로 복역은 하지 아니하였다. 나도 여러번 일경에게 체포되어 경찰서에 유치되고 한번은 평양감옥에까지 가서 1주간 구류되었으나 걸린 사건이 없으므로 석방되어 나왔다. 숭실대 전교장 배위량 박사(Wm. Baird)의 조수로 번역일을 하면서 춘하를 지났다.

가을 학기 개학되어 수업이 재개된 후 직원과 학생 간에는 이때가 순회전도의 좋은 시기라는 감이 강하게 일어났다. 전국에 이만명의 애국동포와 다수의 목사, 장로, 신도들이 옥중에서 신음 수난을 당하고 있는 이 때야말로 회개와 신앙의 복음을 큰 소리로 외칠만한 때가 아니냐? 숭실대 중학교 전도회연합임원회의 주동으로 부흥전도대가 조직되었다. 대장 김형재 장로(숭중 선생), 모사 박형룡, 오호익, 송근수(숭대생들) 음대생 2인(숭중 김인걸 선생지휘, 여대원 수인포함) 합계 십수인이었다. 초청하는 교회들을 방문하여 부흥강연회를 개최하고 민족의 고난과 처참한 상황 중에 회개하여 주님께 돌아올 것을 눈물로 호소하였다. 평양시내와 평양 근방 교회들에는 학기 중에 수시로 집회를 인도했고 멀리 있는 교회들에는 겨울방학을 이용하여 순회전도를 하였다. 겨울방학에 순회전도한 곳은 평남의 진남포, 당천, 군삼우리, 선천 등지, 평북의 의주군 비현, 신의주, 산정, 유초 등지 교회들이었다. 여러 곳에 집회는 성황이었고 은혜가 많았다.

나는 이 부흥전도대에 수석강사로 지명되어 책임이 중대함을 느꼈다. 대원으로 출동하기 전에 많은 기도와 함께 반성회개의 영적준비를 철저히 하였다. 혹 실수로 다른 사람에게 손해를 끼치고 원망 듣는 사건에는 피해자와 원망자를 찾아 사죄하고 용서를 구하였다.

타인을 악평한 일이 생각나거든 피해자는 모르는 일이지만 찾아가서 사죄하였다. 그 때 나의 사죄를 받고 용서를 표명한 이들은 광주의 정명리 목사, 조여사, 평양의 김인준 장로, 이영한(숭대생)제 씨였다. 내가 반성하고 회개하려 마음 가운데 구애되는 것이 없은 후에야 성령의 능력을 받을 수 있고 사람들 앞에 담대히 말 할 수 있다고 믿었기 때문에 이 절차를 밟았던 것이다.

부흥전도집회 중에 주요강연은 내가 담당하였다. 나의 강연의 주요제목은 "하나님의 칼"(겔 33:1-9), "진보하자"(빌3:13-14), "스데반의 죽음"(행7:54-8:2) 등이었다. 우리가 지금 당하고 있는 실상을 자세히 묘사하고 그것은 우리의 죄에 대한 하나님의 징계이므로 즉각 회개하고 주님께 돌아가자는 요지의 설교에 청중도 함께 울었다.

처처에 새로이 결신하는 자들이 많았고 성도들은 후한 헌금을 드리는 동시에 금반지나 귀중품을 헌납하여 전도비를 돕는 여성도들이 참으로 많았다. 교회들의 우리 일행에 대한 환영과 접대의 융숭함은 우리에게 격려나 고무하는 바가 컸다. 삼일운동 이후 전국인심은 민족의식으로 각성하여 자유와 진보의 희망으로 불붙었고 그 운동에 관계되어 투옥되거나 망명하여 가족과 함께 수난 고통하는 자들이 전국에 무수한 형편이므로 공중집회에 동참하기 쉽고 동감하기 쉬웠다.

당시 평양주재 감리교선교사 문요한 목사는 조선인의 삼일운동 후 1년간 사상적 진보는 당시 오십년의 진보와 같은 진보라고 사석에서 대화하는 중에 표명하였다. 삼일운동 이후 일본정부의 조선통치방침은 일시 변경되어 조선에 문화정치를 시행한다고 선포하고 해군대장을 총독으로 선임하여 조선민중의 감정을 적절히 완화하려 하였다. 동시에 일본인경찰은 삼일운동 관계의 보안법 위반죄수를 취급함에 여가가 없기도 해서 공식언론탄압에 전보다 퍽 관대하였다. 북쪽의 여러 지방에서는 우리 전도대집회에 대하여 경찰의 간섭이 전혀 보이지 아니하였다. 따라서 전도대 강사의 설교는 담대한 표현이 많았다. 목사들의 강단 언어에도 전보다 자유로운 소리를 들을 수가 있었다. 평양에서 숭실전도대가 활동하는 동시에 여학생계(숭의여중학생들 중에서)로부

崇實傳道隊

一九一九年三月一日 서울과 平壤을 中心으로
하여 이러난 獨立萬歲 三一運動은 全國的으로
展開되어 全國各地에서 獨立萬歲를 부르고
日本軍隊와 警察의 手에 虐殺되며 投獄된 者 無數
하였다. 平壤에서는 三月一日 大韓獨立宣
言式과 獨立萬歲 呼唱이 基督敎人 主導로 長老
敎側은 章臺峴 崇德學校庭에서, 監理敎側은
南山峴敎會堂에서 擧行되었다. 長老側 指導
人物로는 金善斗牧師(西門外敎會), 姜奎燦
牧師(山亭峴敎會) 等이 先導하였다. 나는 大
衆속에 끼이어서 獨立萬歲를 불렀으나 指導的 活動
을 한 일은 없었다. 崇實大中學校는 先生들
과 學生들이 投獄되거나 避身한 者 多數하여 春
學期는 休校하였다. 崇大敎授 牟義理
(E. M. Mowry) 宣敎師는 日警이 逮捕하려는
崇大生 몇사람을 自家에 隱匿한 嫌疑로 投獄
되고 裁判을 받아 懲役六個月에 處했으나 執行

박형룡 박사의 회고록 일부 – 숭실전도대

터 소위 결백회라는 단체가 결성되어 절제생활, 여권, 기타혁신을 부르짖는 강연회를 개최한 일이 있었다. 그들의 언론 중에는 성경 창조기사에 하와가 아담의 갈비뼈로 창조된 것은 남녀동등을 의미한 것이라는 기발한 표현도 있었다. 그들 중의 어떤 지도학생은 재 상해한국임시정부 결백회의 활동은 평양지구에 제한되었고 전국적인 일로는 되지 못하였다.

1930년 3월 18일 숭실대학 제6회 졸업식이 평양의 제1교회요 중앙교회인 장대현 예배당에서 성대히 거행되었다. 졸업생은 6인이니 김도근, 김영린, 기주복, 문찬규, 윤 성, 박형룡이었다. 마포삼열교장의 손에 졸업장을 받은 것이 영광스러웠으며 삼일운동 후 첫 번 숭실대 졸업식이므로 함께 온 교우들의 축하열도 대단하였다. 여러 날 밤낮 서문 밖 교회에 열린 졸업생의 반일(反日)성토회도 성대히 지났다. 그때 나는 졸업생들의 약력소개의 순서를 담당하였다. 그때 강계출신 김영린 군의 이력에서는 그를 양반출신이라하여 재박재박해도 비단재박이라고 말하고 나 자신의 이력은 살풍경의 역사한장이라고 말하였던 것이다. 숭실대 졸업식을 거행한 그날밤 남행열차로 숭실전도대는 김형재 대장 인솔로 대구로 향하여 출발하였다. 봄방학 기간에 영남, 호남 순회강연 하기를 이미 준비하였던 때문이다.

평양시내 여러 교회의 연합집회(장대현교회에서)에서 남선순회 여행비를 연보하여 두었으며 강사진과 악대를 충실히 조직하여 두었던 것이다. 우리는 남쪽 지역에 복음을 위해 대거원정한다는 당당한 기세로 출발하였다. 대구에서는 신정교회라는 대교회에서 이틀밤 집회를 열었다. 예배 끝에 선교사 권찬영 목사가 강대 맞은편 갤러리에서 축도를 한 것이 기억난다. 주간휴일에 일행이 신명여중학교 구내에 들어가 구경하면서 참대나무 서 있는 것을 반기던 일이 생각난다.

대구를 떠나 동행하여 안강과 포항에도 들러 전도 강연을 하였다. 포항에서는 38세의 최장로가 숭실학교에 입학하러 오겠다고 결심하는 것을 보고 그들의 우리 전도대에 향한 기대와 영향이 얼마나 컸던 것을 알 수 있었다. 부산에 가서는 영주동교회에서 밤 집회를 열고 회중은 많지 않으나 열렬한 경연에 회중의 반응이 또한 열렬하였다. 강연을 마친 후에 일본인 형사가 만나서 하는 말이 나의 격렬한 설교의 내용을 그대로 취재하면 의례히 경찰서로 인도되어 처벌할 것이나 타지역에서 온 손님이므로 묵과하니 적절히 행동하라 하였다.

당시 영주동교회 목사는 정덕생씨요 유력한 영수 모씨가 있어 우리를 후대하였다. 추정명이라는 청년 신사도 우리에게 호의를

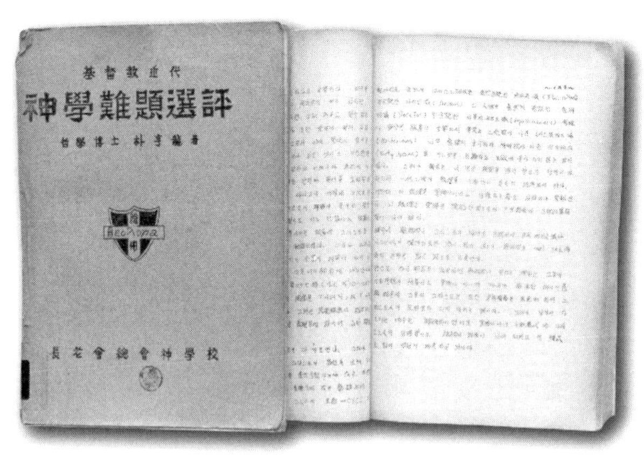

박형룡 박사의 기념비적 걸작 신학 난제 선평

표하였다. 마산에서는 문창교회에서 밤 집회를 열었고 전도대 비용연보를 거둘 때에 한 장로라는 분이 손에 꼈던 금 반지(시가 사십원)를 벗어 연보하였다. 그 외에도 도처에서 전도비 연보를 거둘 때 금은패물, 시계 등을 떼어 연보하는 남녀 신도들이 많았다. 당시 그 교회 목사는 노인 박정찬 목사였다. 노인이로되 쾌활히 우리 연소 학생대원들을 환영 후대하여 주었다. 진주교회에서 집회를 열었을 때 음악대원 중에 17세의 소년 계정식 군의 독창 "사랑하는 나의 아들 언제나 돌아오려나 마른나무가지 꽃이 필 때 돌아오려나"를 듣고 눈물을 흘리는 노부모가 있었다.

삼천포에서 승선하고 전라도 여수항에 내리고 순천으로 가서 집회를 열었다. 목사는 유명한 초대목사 이기풍, 선교사 구례인 씨 등이 있었다. 경찰서장으로부터 언론에 주의하라는 경고가 있다고 이목사가 전달하였다. 불안한 중에서도 여러번 집회를 무사히 마치고 성과를 얻었다. 불신자로서 일본에 유학한 부자 청년 모시는 우리 일행을 환영하고 초대하였다. 그는 부자로되 초가에 살며 노비를 두고 호사한 생활을 즐기는 모양이더라. 그는 우리를 애국청년들로, 우리의 전도집회는 민족정신 고취로 보고 우리를 환대하는 듯 하였다.

4월 7, 8일 목포 양동교회에서 집회를 열었다. 첫째날 밤 집회를 마치고 다음날에는 목포 유달산에 올라가 하루종일 기도하고 둘째날 밤 설교에 열정을 기울였다. 그 성과는 대단하였다. 그러나 어찌 뜻하였으랴? 다음날 아침 7시 전도대 일행이 광주를 향해 승차하려고 출발하는 때 목표경찰서 박형사가 와서 경찰서로 나를 데리고 갔다. 어제밤 강연내용을 적어다가 보고한 것을 받아 놓은 다른 경관이 조서문을 꾸미고 나에게 읽어주고는 서명 날인하라는 것이었다. 할 수 없이 날인하였다. 오후가 되도록 앉혀놓아 두더니 석양에는 결박을 지워 목포감옥으로 끌고 가서 입감시켰다. 목포는 경찰의 탄압이 특별히 심하여 삼일운동 독립만세도 부르지 못한 곳이라 하였다. 그런 곳에서 나의 애국연설 같은 연설은 이런 핍박을 초래함이 매우 자연스러웠다.

목포철창 10개월

1920년 4월 9일
유달산에 해기우러 석양이 된 때
목포부 연치동 20번지의
높은 담 철창속에 드러왔고나
성명은 변경하여 햐꾸욘쥬고(140호)
기호는 낮아져서 오마에르다
간수도 노 호령에 떨고 있으니
영오 중에 이 신세 가련 하고나

광주감옥 목포분감 높은 목성안으로 끌려 들어 준비실에서 주의, 모자, 보선, 신 소지품을 다 떼여놓고 옷 고름까지 떼여놓고 남서감방 일실에 투입, 폐문, 쇠채우니 맨 마루바닥에 앉아 자유로이 거닐지 못하나, 좁고 허름한 처소에서 종일 피곤을 풀 듯한 기분이었다.

묵도로 하나님의 도움을 빌고 밤이 되어 감색 무명이불 덮고 자리에 누으니 잠이 잘 왔다. 지금은 환경변경으로 인한 경이감도 의외에 당하는 고난에 비통도 별로 없고 피곤한 김에 잠드는 것만이 시원하였다. 식생활은 첫 두어끼는 감옥의 아침식사인 쌀 부스러기와 콩 섞은 밥 한 덩이와 된장 채소국 한그릇 혹 깨소금이 들어왔다.

그러나 그 후는 목포교회로부터 차입하여 준 백반에 상당한 부식과 생계란을 조석으로 포식하여서(낮에는 감옥식) 건강이 양호히 유지되었다. 아침에는 간수의 지휘에 따라 여러 죄인들이 열을 지어 옥외 세면소에 나가서 세면하고 들어와서 조식을 받았다. 기결 복역자들은 나체로 나가서 세면하고 작업장으로 가서 작업복을 입고 종일 작업하고 저녁에 다시 나체로 열을 지어 감방으로 들어왔다. 미결수는 주야로 감방안에 정좌하기 때문에, 또는 자기의 피소사건의 귀추를 알지 못하기 때문에 고민에 빠지는 것이었다. 매일 아침 식후 얼마 지나서는 분감장이 감방순시를 하는데 수직간수의 호령에 각 방 죄인은 꿇어앉고 간수는 재실 죄인의 각 수를 각 종별로 나누어 보고하고 분담장은 각 방창

구(편지 넣을 정도의 구멍)를 열고 감시 점검하는 것이었다.

나의 감방은 몇 번 변경되었다. 나의 죄명은 보안법위반자로 명패에 기입하여 감방문에 붙었다. 그래서인지 처음에는 독립만세를 부르고 잡혀온 장년과 소년 십수 명과 한 방에 들었다. 그들 중에는 중학생 정도의 소년들도 있어 고민하는 기색이 보였다. 그러나 그 소년들은 경죄로 판단되어 2, 3개월 정도의 복역을 하고 귀가조치 하였다. 장년들 두사람이 그 지방 삼일운동의 지휘자로 꼽혀서 1년 이상 복역하게 되었다. 다른 감방에서는 일본인 한사람과 같이 있게 되었는데 그는 일본에서 제국대학을 졸업하고 목포상업회사 소장으로 있다가 일만원 횡령을 해먹고 검속된 자로서 나에게는 황당한 말로서 자기는 이승만 박사의 독립운동 협력자로서 이태웅이라는 이름으로 암중활동 하다가 감속되었노라 하였다. 그의 처도 고등교육을 받은 인물이라 하며 장문서신을 써서 오곤 하였다. 그는 성씨가 송원이고, 처의 이름은 방자, 담화 중에 의견충돌로 언쟁이 되면 그는 크게 화를 내는데 나는 참으라고 권고하고 함구하였다. 후에 그는 나에게 사의를 표하였다. 한번은 내가 무슨일로 사무실에 불리워 나갔다가 감방으로 들어 왔을 때 담당 일본인 간수는 아주 포학한 자라, 자기가 나의 몸을 검사한 후 입방 시키기를 잊어버리고 잊은 것이 생각나서 나를 다시 방외로 끌어내어 몸 수검을 하고는 왜 검사를 받지 않고 입방 하였느냐고 성질을 내며 나의 뺨을 쳤다. 죄 없이 뺨을 맞고 들어온 나는 통분을 이기지 못하여 울음을 터쳤다. 곁에 있던 마쯔하라는 나를 위로하여 울지 말라 하였다. 나는 대답하되 "나는 평생에 나의 부친한테도 뺨 한번 맞아 본 일이 없는데 이 사람이 무죄한 나의 뺨을 쳤으니 통분불승 하노라" 하니 그는 더욱 동정하여 위안하였다.

미결수로 2개월 간 감방에 앉아서 고통당하는 나의 심정, 번민이 생길 때가 많았다. 어서 학업을 계속하여 주님의 증인의 사역을 충분히 준비하여야 할 터인데 의외로 감방에 갇혀서 허송세월하게 됨이 어찌 답답하지 않은가? 어서 세월을 아껴 배우며 닦아야 할 나의 진로에 이 무슨 방해인가? 만사는 하나님의 뜻대로 이루어질 것이다. 그러나 나의 형편은 이 곳을 속히 떠나야 할 것이다. 그러나 하나님께 기도하며 그의 뜻에 순종하려는 나의 원칙은 변함없었다. 6월 3일 오전 나는 간수에게 끌려나가 머리에 집주저리를 쓰고 손에 수갑을 차고 캄캄한 마차에 올라타고 목포법원(광주지방법원 목포지청)에 가서 재판을 받았다. 일본인 판사는 검사의 소장에 따라서인지 나의 양동교회 강연내용에 대하여 심문하여 발언의 사실과 그 의미 혹은 동기 등을 질문하고 배일사상, 조선독립정신의 선동을 목적한 것이 아니냐 하였다. 판사의 질문에 나의 답변은 온화하면서 옛날 이스라엘 선지자들이

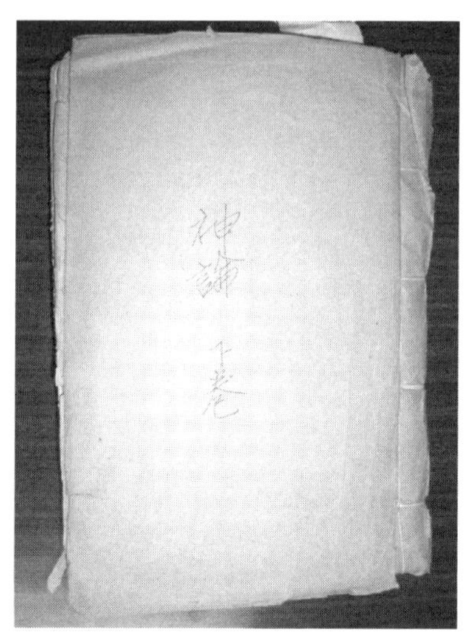

교의신학 신론 원고 겉표지

자기 백성의 당한 참상을 보고 죄를 책하며 패망을 경고한 그 정신과 태도를 모방하여 우리 백성에게 반성회개를 권면한 것이요, 나의 목표는 세계 모든 죄인에게 복음을 전하여 구원얻게 하는 것이요, 정치적 무엇을 경영하는데 있지 않다 하였다. 나의 배후 방청석에는 목포 교인들 다수가 운집하여 긴장한 가운데 판사와 나의 문답에 경청하면서 그 중 어느 분은 나의 곁에 와서 들릴 정도로 말하여 주기를 일본어 성경을 앞 상에 가져다 놓았으니 성경을 펴들고 장절을 찾아가면서 변론하라 하였다.

어쩌면 교인 청중은 나의 법정답변이 온화하고 해명적이요, 어떤 애국투사들이 일인의 법정에서 취하는 태도와 같이 강경반항 도전적이 아님에 실망하였을 지도 모를 것이었다. 강단에서 그토록 힘있게 설교하던 청년이 법정에서는 저렇게 온화할 수가 있나 하고 무시하였을 수도 있을 것이다. 출감 후에 모 여선생의 인사말 가운데 그런 의사가 비쳐짐을 들었다. 어떤 남자 교우는 말하여, 내가 세계 모든 죄인에게 복음을 전하는 것이 목표요 한 소국을 경영하는 것을 목표로 하지 않는다고 한 말은 매우 잘한 말이라 하였다.

나의 답변이 끝난 후 목포교회가 세워준 변호사 송태환씨(전 군수)가 발언 변호하였으나 그는 불신자라 나의 전도강연에 관한 변론을 충분히 할 준비가 없고 일어를 모르므로 활발히 발언하지도 못하고 그저 '피고의 한 강연내용이 판사 앞에 놓인 성경책에 있습니다' 하는 정도의 말을 할 뿐이었다.

변호사의 변론이 너무 졸열함에 실망한 나는 후일에 내가 법학을 연구하고 출중한 변호사가 되어 보리라는 생각을 마음에 가지게 되었다. 판사는 외소하고 음성도 잔잔하여 결코 가혹한 빛이 보이지 아니하였다. 검사는 역시 일본인인데 일어나서 키가 크고 검은 눈에 권위있는 음성으로 논고문을 길게 낭독하여 나의 강연은 배일사상, 독립정신고취를 목적한 것이며 내가 여러 곳에 순회강연하면서 불필요한 사상을 선전하여 부녀자들의 금은패물을 기증받은 것은 비열한 행동이라는 등 백면서생으로서 과감한 언동을 했다는 등 비난과 비판을 많이 늘어놓고 끝으로 징역 1년 6개월을 구형한다고 했다. 판사는 5일 후에 판결하겠다고 선언하고 폐정하였다. 5일 후인 6월 8일 나는 다시 법원으로 끌려가서 판사의 판결을 받았다. 방청석은 전일 공판때와 같이 교인들로 꽉 찼다. 판사는 나를 징역 8개월에 처한다는 간단한 말로 판결을 선고하고 판결에 복종하거나 고등법원에 공소하는 것은 3일 내에 피고가 결정하라고 부언하였다. 그리고는 폐정하였다.

귀감한 나는 목포감옥에서 8개월 징역을 살고 나가느냐, 대구

감옥으로 호송되어 다시 미결수로 몇 달 있다가 다시 공판과 판결을 받느냐, 3일 내에 결정지을 곤경에 처하였다. 밖으로부터 양동교회 목사와 여러 인사들의 의견이라도 구하면서 한인죄수 한사람이 비밀히 말하기를 무죄자의 절개를 지키려면 불복하고 공소함이 가하나 그리하면 옥고가 연장될 뿐이요, 석방이 될 수는 없으니 억울한대로 판결에 복종하여 8개월 후 출감을 기하는 것이 유리하리라 하였다. 심사숙고 후에 복종을 결심하고 문서에 날인하였다. 이제는 목포감옥의 징역죄수가 되었다. 6월 11일부터 복역하였다. 내년 2월 11일이 되어야 만기 출옥할 것이다. 사복을 벗고 홍의를 갈아입으며 사식을 물리치고 옥식 콩밥을 매끼 먹으며 주간노동을 시작하였다.

감방은 독방으로 정하여 독처하게 되었고 작업도 작업장으로 가지 않고 감방에 독좌하게 되었다. 콩밥 생활이 첫 하루, 이틀동안은 머리가 아프고 기분이 상할 정도로 곤란하였다. 3일째는 콩밥이 구미에 맞고 맛이 들었다. 그 후 잘먹고 일에 전심전력하였다. 8개월의 옥중생활을 일생에 유익한 수양기간으로 삼아 성실히 가치있게 살기로 결심하였다.

작업은 바나마 모자를 겯는 일인데 잡역이란 심부름 죄수가 모자재료와 공상을 감방에 아침에 들여주고 저녁에 걷어 내어가

곤 하였다. 모자겯는 수공은 꼭지를 트는 것으로 시작하는데 그 것은 기술을 요하는 일이므로 내가 내손으로 하지 못하고 잡역이 만들어다 주었다. 독방에 독좌하여 잡념이 들어오면 고민하기 때문에 모자 겯는 일에 전심전력 근면하면서 속으로 묵상기도를 부지런히 하였다. 나는 손재주가 없어서 특등, 1등, 2등품은 내지 못하고 겨우 3등품이나 만드는 정도이지만 부지런하기 때문에 개수는 많이 내었다. 8개월에 몇 십개의 모자를 내고 상여임금 3원을 받았다. 출감 후 그 3원을 숭실전도회에 헌금했다. 들으니 평양감옥에서 복역한 우리 학우 중에는 1년간에 새끼꼬고 받은 상여금이 십전정도에 멎은 자 있다 하였다.독방에 들어 복역을 시작한 다음 간수 한사람이 오더니 친절히 말하여 주기를 그날 아침 조회에 분감장이 간수들에게 지시하되 '140호(박형룡)는 고등교육을 받은 청년이니 친절히 대우하여 주라. 독방에 두는 것도 잡 죄수와 함께 있으면 사상감화를 받을까 두려워서 그리한 것이라' 고 설명하였다 한다. 그 후 과연 간수들은 나에 대해 매우 친절하여졌고 분감장도 오전 순시할 때 창구를 열고 건강하냐고 문안하는 때가 이따금 있었다. 감옥에서 독방에 넣는 죄수는 중대사건에 걸린 중죄수인 것이 상례이므로 나도 처음에는 중죄수 취급인 줄 알고 독방살이를 불쾌히 여겼으나 자기들의 설명과 태도가 이러하므로 나는 안심하고 지냈다. 혹 그들이 나를 중죄수로 취급하면서 거짓 설명과 태도로 나를 속인 것인가?

매일 오전에 뜰로 나가서 다른 죄수들과 함께 간수의 구령에 따라 구보운동을 하는데 정신들여 열심히 할 뿐 아니라 학교에서 훈련받은 것이 있으므로 다른 잡 죄수들보다 비교적 잘 할 수가 있었다. 그래서 나는 항상 행열 선두에 서서 간수의 구령에 잘 맞추어 전 행열을 잘 이끌어 갔다. 간수들은 나를 운동에 취미있는 자 라고 불렀다. 재감 죄수가 총 3백명인데 나는 운동선수같이 간수들 간에 알려졌다. 나는 본래 운동에 취미를 가진사람도 아니요, 기술을 아무것도 가지지 못한 사람인데 옥중생활에 몸의 건강을 위하여 또는 옥중규율에 진심으로 복종하느라고 최선을 다한 것이 이런 바라지 않은 명예를 가져왔다. 감방에서 독서하기는 곤란하였다. 죄수들의 수양을 위하여 특별한 몇 페이지의 잡지가 한 구석에 걸려 있을 뿐, 밖으로부터 서적이 차입되어야 받아 놓고 그것을 읽을 수가 있었다. 나는 평양에 아는 사람에게 연락하여 나의 하숙집에 두었던 서적 중에서 영어책 몇 권을 우송케 하여 자초지종 암송하였다.

"Pushing to the Front"는 수양서류로서 일역문이 붙어 있어 해득하기 쉬웠고 "National Reader" 제4권과 제5권은 영화사전을 보며 자습하고 암송하였다. 옛날 본향에서 논어, 중용, 대학을 암송한 것 같이 앞서 말한 영서들을 줄줄이 암송하므로 영어실력을 얻었다. 주간에는 작업하므로 독서를 할 수 없으나 야간에 할 수 있었고 야간에 감방에 전등을 켜 주지 않아서 흑암한 시간이 되면 길방 전등의 광선이 창구로 새어들어오는 가늘고 희미한 빛에 서면을 비추어 보며 독서하였다. 목포철창 10개월에 학문적 모든 소득은 영어책 세권을 모두 암송한 것이었다. 당시 옥중에 있을 때 밖으로부터 서신을 보내어 위문한 친우들도 있었고 직접 와서 면회하여 준 은인들도 있었다. 한 분은 목포양동교회 이경필 목사의 부인 박씨였다.

박여사는 감옥관리에게 나의 면회신청을 드릴 때 수인의 친척이라야 허가하기 때문에 마침 나와 동성이므로 나의 6촌 동생이 되노라고 말하고 허가를 받아 면회하였다. 출감 후 나는 그를 육촌 누님이라고 불렀다. 다른 한 분은 초가을 어떤 날 평양에서 불원천리하고 찾아와서 아마 나의 모친이라 하고 허가를 얻어 면회하고 밖으로부터 예배한 후 그 다음날 감옥 뒷산에 와서 한참동안 서서 파라솔을 받쳐들고 나의 감방을 내려다 봄으로 동정깊은 위문을 무언으로 하고, 나는 감방의 뒷면 철창 사이로 터리채를 내밀어 흔들어 감사의 뜻을 표하였다. 그는 자주 서신을 보내어 위문도 하였다. 후에 나는 그를 은모라고 불렀다. 터리채를 내밀어 은모님을 영송한 그 독방에서 가을 10월을 맞이하여 밤과 새벽에 뒷면 북망산(공동묘지) 위에 뜨는 달을 봄으로 만감이 교차되었다. 감옥의 남측 몇방에 옮겨 다니는 동안 여러달 동안 달을

평양 장로회신학교 학생들(1910년 대)

구경하지 못하였는데 이 북측 방에 온 결과로 달을 잘 볼 수 있게 된 것이 나의 기쁨이었다. 어떤 새벽 날에 내가 명월로 더불어 약속을 맺은 이야기는 후일 나의 설교 어떤 편에 이렇게 적혔다.

『1920년 10월 하순 어떤 새벽 저 남해항 목포부 연치동 감옥소의 한 감방에 혼자 누워 자던 보안법 위반자라는 죄명을 쓴 청년죄수 한 사람은 잠을 깨어 눈을 뜨니 독방에 혼자 갖혀 있는 터이라. 곁에는 아무도 없고 다른 여러 방에 수 백명 죄수들이 모두 깊이 잠들어 코를 골고 있는데 어찌 상상이나 했으랴, 가을 새벽 밝은 달빛이 철창 사이로 숨어들고 교교히 흘러내려 그의 얼굴을 정답게 만져준다. 그 청년은 벌떡 일어나 철창 밖 연치동 북악산 위 푸른 하늘에 서서히 굴러가는 만추명월을 쳐다보고 기쁨과 감흥을 이기지 못하였다. 그는 밤에 달이 보이지 않는 다른 편 감방에 여러 달 동안 쓸쓸하게 살다가 이 감방으로 옮겨와서야 지금 처음으로 달을 만나 보기 때문에 달의 자태가 그렇게도 반갑고 아름다워 보였던 것이다. 그는 달을 사랑하며 흠모하기 여러 시간 후에 마음속에 말하였다.

달아 달아 밝은 달아 가을밤에 밝은 달아 너는 자태 아름답고 청수함도 나의 사랑하는 바이지만 네 광명을 지상에 두루 비추어 어두운 밤을 밝히 비추는 그 점이 제일 좋다. 너는 네 자체에 빛이 없으나 태양의 빛을 빌어 반사함으로 어두운 세상을 밝게 해주니 그것이 더욱 기묘하다. 나는 빛 없고 캄캄한 한 개의 죄인이지만 오히려 의의 태양 그리스도의 밝은 빛을 빌어가지고 흑암한 죄악세상에 조그마한 빛이라도 반사할 수 있지 않을까? 그 청년은 그날 새벽에 달로 더불어 약속을 맺어 조그마한 빛이라도 그리스도께 받아서 세상에 비추는 생활을 살아보기로 발원하였다.』

겨울철이 되어 날씨가 차서 나 혼자 독방에 사는 것이 곤란하여 진 즉 감옥당국은 나를 옮겨 다른 보안법 위반죄수들의 방에 함께 거하게 함으로 밤에 춥지 않게 지낼 수 있었다. 그 죄수들은 다른 이들이 아니라 내가 처음 만나 같이 지내던 열열한 삼일운동지도 인물들이다. 그들은 주영철, 이상순, 양성룡, 윤인섭 등이 있다. 주씨는 최연장자요, 윤씨는 최연소자며 양씨는 주씨의 처남으로 가장 학자풍의 인물이었다. 나는 그들과 담화하며 적적함을 달래며 밤을 지새웠다. 나는 그들에게 전도하였다. 여러 가지 이야기도 자주하여 간접적인 전도도 하였다.

그 후 양성룡씨는 출감 후 입신하여 교회의 장로로 일생동안 봉사하고 있다. 나는 광주와 서울에서 그를 세 차례 반갑게 만났다. 감방에 갇힌 사람들은 고민 중에 신경이 예민하여지므로, 또는 주야로 같이 얼굴을 마주보기 때문에 서로 언쟁하기 쉽다는 것을 나는 발견하였다. 그들은 같은 고향 친우들로서 삼일운동에 동고동락한 인물들이지만 자주 언쟁을 하고는 서로 말하지 않고 물끄러미 서로 보고 있기를 여러 날 하였다. 결국 자기들끼리 갈라져서 서로 담화할 수 없게 되어 여러 사람이 나 한사람과만 말하는 때도 있었다. 감옥교회 책임자로 일본인 교화사가 있어 이따금 죄수 모두를 집합시키고 교화연설을 하는데 그 자신은 불교승려라 하나 불교전도강연을 하는 것은 아니었다. 그는 몇 번 나를 사무실로 불러다가 일정당국이 조선에 문화정치를 행한다는 것을 말하고 나의 소감을 물었다. 나는 그의 의견에 불찬성하는 표시를 더러 하였다.

겨울철에 눈오고 얼음 어는 때에 아침 세면하는 일은 매우 힘드는 일이었다. 감방에서 자고 일어난 죄수들이 자체적으로 대열을 지어 밖으로 세면장에 들어가서 얼음을 밟으면서 위에서 냉수를 내려 붓는 아래로 통과하여 샤워를 맞고 물속으로 몸을 부비어 일종의 냉수마찰을 한 다음 세면대로 가서 목제원통에 담아 놓은 냉수에 얼굴을 씻고 다른 사람들은 작업장으로 가서 작업복을 입고 식사 후 사역을 하고 나는 감방으로 돌아와서 작업복을 입고 식사후 사역을 나갔다. 겨울철 밖에서 냉수마찰을 강행하는 나는 강제적으로 부득이 하는 일이었지만, 실행하는 나에게는 인내와 분발의 좋은 훈련이 되었다. 출감 후에는 일평생에 그런 인

고분발의 생활을 다시는 하지 못하였다.

콩밥생활 8개월에 얼굴은 창백하여져서 딴 세상 사람으로 보여졌다. 부식은 하루 삼식에 아침에는 채소 넣은 국 한사발, 낮이면 깨소금, 저녁이면 무 조각 정도요, 경절일이면 국그릇에 고기 한조각씩 섞였다. 이런 식생활이 얼굴을 창백하게 변색시켰으나 신체 건강에는 손상을 주지 아니하였다. 감방에는 해충이 성하고 몸에 피부병이 들어 얼마동안 고생하였으나, 유황수에 목욕을 계속하여 치료하였다. 그런 환경에서도 몸에 다른 병이 들어 누워본 일은 없었다. 간수 중에 송간수는 교회요인측의 부탁을 받고 평양으로부터 면회왔던 은모의 부탁도 받은바가 있어 조용히 외계소식을 전달하여 주곤 하였다. 그것은 외로움을 위로하여 주는 바가 적지 아니하였다.

그러나 나의 고난 중에 위안과 평화의 근본적인 원천은 신령하게 나와 함께 하시는 하나님이시었다. 나의 곁에 살아계신 하나님께 묵상기도하고 교통함이 계속되니 만사만복의 근원이 여기에 있었다. 하나님의 품에 삶을 느껴 위안과 희망이 넘쳤으며 모든 고난은 심신훈련의 학업으로 되었다. 옥고 때문에 슬픔을 느끼거나 고통을 못견디어 상시 환멸을 느낀 바가 없었다. 입감할 때부터 출감할 때까지 10개월 옥중생활의 체험사실과 소감소회를 노래로 지어 정서하여 본향 벽동 성남면 친척 김봉현씨댁에 보관한 것이 없어지고 말았다. 그 노래의 첫 몇절을 기억으로 더듬어서 근사하게 회복한 것이 이 서술 첫 머리에 기입한 바다.

1921년 2월 11일 복역이 만기되어 오전에 출감하였다. 목포의 교우 여러분들이 이경필 목사의 인솔하에 평양 모교 숭실대학우회 대표 김정상씨를 선두로 옥문 밖에 와서 영접하여 주었다. 양동교회의 접대를 받아 여러날을 머물고 주일을 지나면서 전교회 성도들 앞에 감사의 인사도 하였다. 양동교회는 10개월간 나의 후견자가 되어 물심양면으로 정성을 기울였다. 양동교회 성도들은 내게 사식을 대어주고 변호사를 세워주고 위하여 기도하여 주었다. 그 중에 이경필 목사 내외분의 신세는 참으로 특별하였다. 몇 년 후 그들은 광주 금정교회에 가서 목회하다가 만년에는 무등산 고아원 원장으로 생애를 마쳤다. 내가 평양 또는 서울에 살면서 광주에 갈 기회는 여러번이었으나 항상 바빠서 겨우 전후 두번 이목사 내외를 방문하고 감사하였다.

은인에 대한 나의 태만무례한 것은 그들은 심중에 나무랐을 것이요, 나 자신은 후회막급한 일이 아닌가? 김정상씨를 따라 목포를 떠나는 때 교우들의 전별은 물론 정성스러웠고 기독신보사 대표로 기자 한사람이 기차에 동석하고 몇 역을 동행하며 전별하여 주었다. 서울역에 내려 김정상씨를 머물러 두고 나 혼자 부산으로 가서 작년에 영주동교회를 방문했을 때 들은바 있는 외국유학 후원단체에 관하여 알아보았으나 나로서 그 후원을 받을 희망이 없음을 알았다. 고향으로 돌아와 김씨와 동행하여 평양으로 북행하였다. 평양역에 전도대장 김형재 장로를 위시하여 숭실대학우, 교우, 교계유지들이 많이 나와 나를 영접해 주었다. 창동교회 이인식 목사댁에 잠시 머물렀다. 평양에 와서 들으니 작년 4월 목포에서 내가 입감된 후 숭실전도대는 귀교하여 기회가 있는대로 활동을 계속하여 많은 성과를 거두는 동시에 핍박과 고난도 당하였다 한다. 선천에 가서 강연하다가 강사들이 경찰서에 유치된 일도 있었다 한다.

멀리서 본 평양신학교 전경

8

미국 유학을 위한 비전

평양에서 비밀리에 백년대사를 결정한 후 예정대로 고향 평북 벽동군으로 갔다. 성남면 남중동 덕소곡 옛 집에 부모님과 동생들에게 문안하고 약 한달 간 머물렀다. 그 동안에 아버님께서는 삼일운동 관계로 일본경찰의 손에 고통을 많이 당하셨으나 아직도 압록강 건너 만주에서 진행되는 독립운동자들과 비밀리에 연락을 가지고 계신다는 것이다. 내 동생 형봉이 학회면 용평리교회 김정준 장로의 둘째 딸 성영과 약혼하여 두었으므로 금번 나의 귀가 일시 중에 결혼식을 거행했다.

김장로는 용평교회의 창설지도자로서 믿음과 행함이 일치되는 신실한 인물이었다. 수년 전에 그는 자기숙부가 별세한 상가에 가서도 조객들에게 열심히 전도하다가 출관 시간에도 곁방에서 전도에만 골돌하므로 당시 하나의 의협청년인 나의 부친에게 머리에 썼던 말충감투를 찢기우고도 꿇어 앉아서 '복을 많이 주시니 감사합니다' 하고 감투없이 맨머리 바람으로 상여 뒤에 따라 갔다는 일화가 있는 인물이다. 수년 후에 그의 옛 핍박자이던 나의 아버님이 조모님의 별세로 상주가 되었을 때 그는 자기교회의 교인들을 데리고 와서 장례를 치러주고 전가족을 교회로 인도하여 입신시켰다. 그리고 지금에 와서는 그의 딸을 우리집에 출가시키기까지 했다. 그야말로 자기를 핍박한 자에게 따뜻하게 대하고 사랑으로 감화하여 마침내 결신을 하기에 이른 참된 성도의 모범이 아닌가?

나는 다시 고향집을 떠나 평양으로 향할 때 나의 목표가 해외유학에 있었으므로 오래동안 귀가하지 못할 것을 부모님과 동생들에게 넌지시 말하였다. 나는 잠시 평양에 들렀다가 충북 청주로 가서 얼마 전까지 나의 숭실대학 학비를 보조한 은인 소열도 선교사 교역을 도와드렸다. 대학졸업 후 얼마동안이라도 그의 일을 도우면서 그의 은혜에 조그마한 보답이라도 하는 것이 나의 소원이었다. 그러나 나의 또다른 하나의 간절한 소원은 영어를 학습하여 외국유학의 길을 준비하는 일이었다. 청주는 충북의 도청 소재지이기는 하나 주변에 교회가 왕성하지 못하고 선교사의 시설과 활동도 보잘 것 없는 조용한 곳이었다. 막상 거기서는 소열도 선교사가 나에게 시킬 일도 별로 없고 영어를 가르쳐 줄 시간도 별로 없어 나의 목적했던 바와는 달리 기대가 무너졌다. 나는 그 후 오래지 아니하여 소열도 선교사의 동의를 얻어 청주를 떠나 다시 평양으로 돌아왔다.

나는 평양에서 그 해의 늦은 봄과 긴 여름을 지나게 되었다. 숭실대 재학 중에 몇 해 동안 하던 배위량 선교사 비서역을 다시 맡아서 생활을 유지하였다. 평양신학교 교수회가 기관지 "신학지남"을 창간하는데 배위량 박사가 주필이 된 고로 신학지남 편집을 도와줄 기회가 있었다. 내가 수년 후에 신학지남의 편집위원 "주필 또는 발행인으로 봉사하게 될 것을 아마도 그 때에는 예측하지 못하였던 것이다.

나의 숙원인 외국유학의 길은 준비되었다. 중국으로 갔다가 미국으로 가는 것이 나의 외유의 과정으로 결정되었다. 일본인의 증오를 받아 징역을 살고 나온 신분이니 일본 정부로부터 여권을 얻어 미국에 직행하기는 전혀 불가능하기 때문이었다. 우선 중국 남경의 금릉대학교로 가서 완전한 대학졸업을 하여 학위를 받는 동시에 영어실력을 얻는 것이 합리적인 순서로 보여졌다. 금릉대학에 편입하기 위하여는 그 전에 숭실대 교장 마포삼열(S.A.Moffett) 박사가 교섭한 바 있었고 마포 박사가 약간의 재정원조를 하기로 하였다. 이것만으로는 문제해결이 될 수 없는데 남경에 유학하고 도미하는 여비까지 포함하는 거액의 재정을 원조할 은인이 나타났다. 숭실대 은사 모의리(E.M.Movery) 선교사는 이 재정을 맡아 상해 Y.M.C.A. 총무 피츠(Fitch)씨에게 보내주었다. 모의리 선교사는 얼마전 삼일운동 직후 일경에 맞아 피흘리던 학생들을 자기집에 은신시킨 죄로 일본인에게 잡혀 법정에서 잡혀 징역 6개월의 선고를 받은바 있는 우리 민족과 교회의 은인이다. 자기의 문하생들을 사랑하며 뒷바라지를 하는 노고를 아끼지 아니하는 어진 사람이었다. 그는 자기의 직무를 이행함에도 뜨거운 열정을 가지고 부지런히 일했다.

그러나 그도 약점이 있었는데 화를 잘 내어서 학생들에게 원망을 듣는 때가 자주있었다. 그 당시 나는 그에게 무엇을 약속했다가 지키지 못했기 때문에 말 바꾸기를 한다고 크게 화를 내면서 책망하던 기억이 난다. 나는 그의 호된 책망을 원망하기보다는 나의 성격상 결함을 깨닫고 크게 실망 낙담하여 내가 이 세상에 존재할 이유가 없다고 생각해서 죽기를 원하였다. 매일 저녁 취침 전에 하나님께 기도하면서 아침에 깨지 않게 해 달라고 간구하였다. 그러나 매일 아침 눈을 뜨고 새 날을 맞이하게 됨이 야속하게 느꼈다. 나는 '내 마음의 고뇌와 우울을 어떻게 극복할 수 있을까?' 를 고민하다가 하루는 기독병원에 가서 내과 과장 박 의사에게 우울증을 치료하는 약을 달라고 했다. 그는 나의 말을 다 들은 후에 처방을 내리기를 영화관에 가서 영화를 구경하고 마음의 안정을 찾으라고 했다. 그러나 다시 생각해보니 '나의 연약의 결과로 생기는 열등감과 우울증을 진정으로 치료하여 주는 것은 하나님의 말씀뿐이다' 라는 생각이 문득 들었다. 성경 말씀에 "이는 내 능력이 약한 데서 온전하여짐이라" 하신 말씀 (고후 12:9)만이 나를 붙들어 정신적 사경에서 구출하여 주었다.

금릉대학

1921년 8월 10일 신의주 건너편 안동현에서 영국인의 상선(이양행소속)을 타고 남으로 향하여 4일 후 상해에 도착하여 홍구에 내렸다. 세계적 대도시의 시가, 인물, 화물의 모든 풍경에 놀랍고 눈부시는 것이 많았다. 처음엔는 법률가인 어떤 교포의 거처에 자리잡고 두세 주간을 쉬었다. 일본인의 세력이 미치지 못하는 자유천지에서 우리의 독립운동 지사들의 면모를 대하여 보게 되는 기쁨과 감격은 무어라 형언하기 어려웠다. 당시 삼일독립운동의 모체인 임시정부는 한풀꺾여 조용해 졌으나 오히려 그 요인들이 법률계과 영계에 모여 왕래하고 있었다.

어느 날(8월 29일 국치기념일) 밤 어떤 회집에 가서 법무총장 신규식, 노동총변 안창호 양씨의 연설을 듣고 가슴에 통쾌함와 큰 감동을 받았다. YMCA 피츠 총무를 찾아서 평양으로부터 송금한 돈을 찾아 은행에 예금하고 항일 활동가 김홍서(평양에서 수년 하숙했던 집의 주인) 씨에게 부탁하여 중국 국적을 취득했다. 나는 당시 조선국 내 일정 하에서는 미국 여행권을 얻을 수 없으므로 중국 국적을 얻고 중국 여행권을 얻어 도미할 준비로 이곳에 왔기 때문이다. 나는 국내에서는 일본 정부에게 반항한다는 보안법 위반자로 복역하였으니 도미 여권을 얻기는 불가능하였다.

그 후 나는 9월에 남경으로 가서 금릉대학교 문학부에 입학하였다. 평양 숭실대 4년 졸업을 하였으나 B.A. 학위가 없고 영어 실력이 부족하므로 금릉대학교에서 2년간 다시 공부하여 영어실력을 양성하고 B.A. 학위를 받은 후 도미하여 신학과에 입학하려는 계획이었다. 금릉대학에서 1년은 예과로 영어공부에 주력하고 또 다른 1년은 본과목 중에 숭실대에서 미이수한 것들을 선수하였다. 숭실대 마포삼열 교장의 교섭으로 학기금 면제의 장학금을 받았다. 금릉대학교는 감리교, 장로교 등 다섯 개 교파 선교회가 연합으로 운영하고 있었는데 신학적으로는 자유주의적이었다. 금릉대학교 교장 포문(Bawen), 부교장 웰념쓰, 문과장 하위

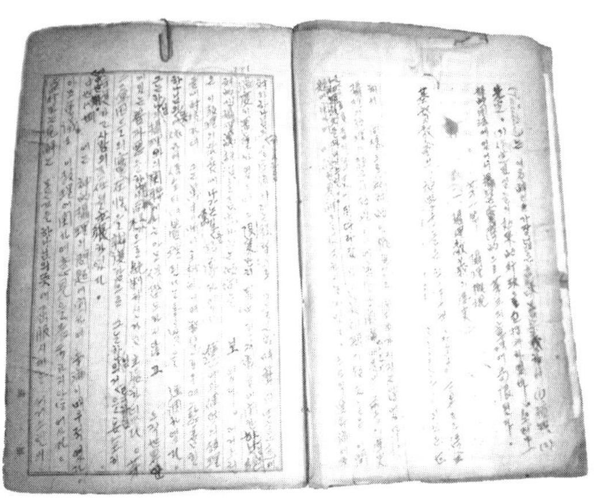

박형룡 박사의 교의신학 교안

사(Sarvis), 교수 중에 철학교수 해밀턴(Dr.Hamilton), 정치학 교수 베렛(Mr.Beret), 영어교수 바데존스(Mr.Wade-Jones), 성경교수 트위넴(Mr.Twinem) 등이 있었고 중국인 선생도 여러명 있었는데 위학인이 그 중에 일본 사람이었다.

금릉대학교는 전부 영어를 사용하기 때문에 중국인 교수라도 영어로 교수하였다. 학생은 물론 전부가 중국인이지만 당시 중국에서는 중학교에서부터 영어를 가르치기 때문에 대학생들이 영어로 교수 받기에 충분히 준비되어 있었다. 나 한사람만이 본국에서 영어실력을 충분히 양성하지 못했기 때문에 중국인들과 함께 영어로 공부하는데 실력이 부족했다. 그래서 영어학습에 특별히 주력하면서 과외로 개인선생을 얻어 회화와 작문을 연습하였다. 금릉대학에 사역하는 선교사 중의 한 분인 건등사 스몰(Small)씨의 부인이 나의 회화와 작문 선생님으로 수 년을 수고한 것은 평생에 잊을 수 없는 은혜다. 나는 매주 몇 번씩 그의 집에 가서 그의 이야기(주로 arabian nights에서)로 말하는 것을 듣고는 그것을 작문하여 그에게 바쳐 수정을 받았다. 그렇게 쓴 영작문이 수백편에 달하였다. 그러나 졸업 후 미국 신학교 입학을 위한 추천서를 써 준 포문교장은 그 추천서에 이 학생은 조선에서 와서 편입 수학한 사람이기 때문에 본교의 일반학생들의 영어실력에 미흡하다는 문장을 썼다.

부교장 웰념쓰 목사는 장로교인이기 때문에 그 사저에 자주 방문하여 사랑과 은혜를 받은 바가 많았고, 웨데 존스(Wede Jones) 교수는 영어교수이기 때문에 역시 사택 방문이 잦았다. 그리고 성경교수인 트위넴(Mr.Twinem)은 나와 가장 친밀히 지냈다. 그는 자기 집에서 나에게 헬라어를 가르쳤고 그의 부인은 항상 친절히 나를 접대하였다. 후일 내가 미국에 있을 때에 트위넴(Mr.Twinem)은 별세하고 그의 부인은 미국에 왔다가 나를 만나 장학보조금을 주었고 내가 귀국하여 평양에서 교역하며 가정을 가졌을 때 평양을 방문했기에 우리집에 초대한 일이 있었다. 그는 남편 별세 후에도 중국 선교사로 계속하여 남편의 남긴 사업을 이어갔다. 나와 면대하여 하는 말이 남편은 비록 별세하여 타계에 있으나 남편은 천당에서, 자기는 지상에서 서로 바라보며 사랑을 계속하노라고 하였다. 그는 과연 현처요 열녀로다. 님을 향한 일편단심 생전에도 사후에도 변할 줄을 모르노니, 청송녹죽 높은 절개 뉘아니 흠모하랴.

나의 기숙사 생활은 처음에는 금릉대학 기숙사에 들어가 중국인 학생들과 같이 지냈으나 중국음식이 비위에 맞지 않아 소화불량이 되므로 약 한달 후에 퇴사하여 한국인 장승산(본명 덕승) 목사댁에 하숙을 정하고 한식 생활로 일년을 내내 지냈다. 장목사는 본래 신의주 교회 목사로서 삼일운동에 관련되어 출국 망명중

총신대학교 대강당에서 행해진 박형룡 박사 장례식(1978년 10월 27일)

상해에서 지나다가 북경으로 이주하였다. 그는 나의 남경 유학 2년간의 하숙집 주인이 되었고 여러 가지로 보살펴 주었다. 허상련 장로 역시 의주 사람이요, 삼일만세운동 망명객으로서 본국에 인삼을 판매하는 상인으로 같이 지내며 친교하는 중에 내게 좋은 충고자가 되었다. 금릉신학교에는 한인 학생으로 김하원, 박춘근, 최지화, 김근화, 김경하, 선우혁, 제시가 재학하였다. 금릉 중학교에 김선량, 박순옥(사촌처남), 차균현, 동남대학에 이일림 등과 그 외 다수 한인학생이 남경에 있었다.

남경에 있는 한인의 단체 생활로는 교회와 학우회가 있었다. 교회는 주일마다 협진회(제 교파연합회 사무처) 회의실을 빌려서 예배를 드렸다. 몇 십명씩 모였는데 대다수가 유학생들이요, 거주 가족으로 참석하는 자들이 약간 있었다. 아무 교단에도 관계없는 독립교회였다. 집사가 세명 피선되어 지도하였는데 그 중에 김선호(나의 신성 동창 후배)가 있었고 나 박형룡이었다. 설교자는 일정치 않고 신학생들과 기타 인사들이 순차로 설교를 맡았다. 흥미있는 교회생활이었다. 거기서 두 번의 성탄절을 지났는데 성탄축하 연극을 유학생들의 합작으로 해마다 연출하였다. 나는 매번 극본작성에다 역할 주인공으로 출연하여 성과가 좋았다. 첫 번 연극의 제목은 "혈성단 총재"로 기억이 되는데 둘째 번보다 더 좋은 성과를 얻었다.

학우회는 유학생들의 모임이지만 남경에 다른 한국 교포 출신 기관이 없으므로 학우회가 교포 학생들의 품행을 감찰하여 부정 행위자를 남경에 있지 못하도록 추방하는 권리를 행사하였다. 학우회장은 나의 왕년 선천 신성 중학 은사요, 현 금릉중학 재학중인 박충근 선생이었다. 나도 학우회의 요직에 있어 규칙재정에 열성을 다해 노력한 바 있었다. 본국으로부터 남경에 온 한인학생은 많았고, 남경 여러 학교에 입학한 자도 적지 아니하였으나 학업을 계속하는 자는 극히 드물었다. 금릉대학에도 과거에 한인 입학자는 여러사람이 있었으나 졸업자는 희귀하였다고 하며 나의 재학 기간에는 입학자도 없었고 내가 졸업할 무렵에 숭실대 동창 후배 안성화 씨가 건너와서 나의 뒤를 따랐다. 학생들과 교포들의 환영, 환송, 친목을 위한 회합은 금릉대학(고양) 근방 학호사나 성서 경만 산사에서 열어 다과로 대접하였다. 동에는 자금산과 남에 백로주는 남경에 있어서 명승이었다. "삼산은 반락 청천외요, 이수는 중분백로주라" 라는 고사는 이 곳 경치를 일러서 말한 것이다.

1923년 6월 27일 금릉대학 졸업식이 거행되어 나는 중국 유학 2년 형설의 공을 들인 결과인 B.A. 학위 증서를 받았다. 학위증서는 순 영문이고 금릉대학이 미국 뉴욕주립대학의 이사회의 어떤 관할을 받은 고로 그 이사회 대표의 이름이 붙어 있었다. 나의 이름은 몇해 전 중국에 국적을 바꿀 때에 다시 지어 사용하고 금릉대학에서 사용하여 온 박현래(Puh Hshen Lai)로 기입되었다.

총신과 박형룡

정성구

제2부

總神과 朴亨龍

I. 서설

1935년 朴亨龍 박사에 의해서 한국신학계의 걸작인 「基督敎近代 神學難題選評」이 출판된다.[1] 이 책이 바로 한국교회의 정통신학을 변증하고 장차 개혁주의적 보수주의 신학을 지키는데 이정표가 된 것이다. 그로부터 반세기가 넘게 박형룡은 한국교회의 신학을 대표하고 한국보수주의 신학의 대변자가 된다. 당시

---

1) 朴亨龍, 基督敎近代 神學難題選評, 學派篇(平壤:1935). 柳東植, 韓國神學의 鑛脈(展望社, 1982). p. 133. 유동식은 1930년대를 대표하는 서적으로서 첫째로 白樂濬, *The History of Protestant Mission in Korea* 1832~1910(1929) 둘째가 朴亨龍의 基督敎近代 神學難題選評,(1935) 세째가 鄭景玉, 基督敎 神學槪論(1939)등을 말한다. 이중에 鄭景玉은 처음부터 자기 자신이 빨트주의자임을 천명하였다.

이 책을 출판할 때 추천사를 썼던 馬布三悅 박사는 말하기를 "朝鮮예수교長老會神學校 教授 朴亨龍 博士는 本書로서 教會一般과 特別히 牧師, 先生諸位에 偉大한 奉仕를 하시는 것이다"[2]라고 썼다. 한국교회가 복음을 받은지 50년, 그러니까 1934년 희년을 전후해서 이른바 자유주의 신학 논쟁이 일어나자, 박형룡은 홀로 보수주의 신학의 선두주자가 되어 그의 일생동안 오직 한길을 갔었다. 그래서 그는 한국교회에 정통신학과 신앙을 굳건히 지켜왔다.

그는 1978년 10월 25일에 서거하였지만 그가 반세기 동안 지켜온 한국교회는 여전히 순수한 성격적 신상의 바탕 위에 자라고 있음은 실로 다행한 일이 아닐 수 없다. 이제 그에 대한 평가를 좀더 깊이 할때가 온줄 안다. 물론 학형룡도 역사적인 인물인만큼 그가 처해있던 정황과 인간됨, 그리고 그의 학문적 배경 속에서 이해되어야 하리라고 본다. 그러므로 그에 대한 평가는 보는 입장에 따라 다를 수도 있고, 견해의 차이도 있을 수 있다. 가령 한국교회의 모든 학자들이 보수신학자로서의 박형룡은 찬양하면서도, 朴雅論, 申福潤 교수를 위시한 總神과 高神, 合神 등 개혁주의 노선에 선 학자들은 그를 개혁주의적 보수주의 신학의 代

---

2) *Ibid.* 서문, "In this book Dr. H.N. Park of the Presbyterian Theological Seminary of Korea has done the Church and especially the Pastors and teachers a Great Service"

父로 생각하는 반면에, 李鍾聲, 朱在鏞 교수와 같이 新正統主義 입장에 있는 이들은 박형룡의 신학에 대해 비판적 시각을 갖는다.[3] 가령 朴雅論 博士 같은 이는 朴亨龍 博士의 신학에 대해서 "변증신학자로 시작하여 조직신학자가 된 분"[4] 또는 "구주대륙의 칼빈개혁주의에 英美의 청교도 사상을 가미하여 〈웨스트민스터 표준〉에 구현된 신학이다"라고 표현했다.[5] 뿐만 아니라 박형룡의 신학은 "다양중에 통일성이 있는 指路的 神學"[6]이라 평가하였다.

또한 申福潤 같은 이는 韓國保守神學史에 있어서의 朴亨龍神學의 意義를 논하면서 "淸敎徒的改革主義神學의 傳承" "韓國改革主義神學의 旗手"란 표현을 쓰면서도 "박형룡 박사가 근본주의와 개혁주의 혹은 칼빈주의라는 말을 혼돈한 것 때문에 우리에게 많은 혼란을 가져다 준 것이 사실이지만, 그러면서도 칼빈주의 신학에서 전혀 이탈하지 않았다는데 그의 사상의 특징이 있고

---

3) 韓國神學硏究所가 발행하는 神學思想에서 1979년 여름호에 「朴亨龍의 神學」의 특집을 싣고 上記한 학자들이 다각적으로 평가하였다. 여기서는 이른바 朴亨龍의 神學思想 朴亨龍神學의 韓國保守神學史的意義, 朴亨龍과 韓國長老敎會, 韓國基督敎史에서의 朴亨龍의 位置등을 주로 다루고 있다. 그외에 박형룡의 서거후에 박형룡을 신학적으로 언급한것은 1982년에 柳東植교수가 그의 韓國神學의 鑛脈에서 '朴亨龍과 根本主義'에 대해서 다루었고, 그리고 拙者 韓國敎會 說敎史(1986)에서 '朴亨龍牧師와 그의 說敎'를 다루고 있다.

4) 神學思想 Vol.25(1979. 여름) 韓國神學硏究所, p. 209.

5) Ibid. p. 211.

6) Ibid. p. 215.

또한 거기에서 의의를 찾게 된다"고 썼다.[7] 이에 반해서 李鍾聲은 朴亨龍과 韓國長老教會를 논하면서 박형룡의 신학은 "주석신학보다 변증학에 관심을 두었으며" "근본주의적이며," "신학하는 태도는 철저한 守舊主義였다"고 못 박았다. 그리고 박형룡은 "칼빈주의자이기는 했으나 칼빈학자는 아니었다"고 평가 했다.[8]

朱在鏞의 평가도 여기서 벗어나지 않는다. 우리는 위에서 대략이나라 朴亨龍 박사와 한국교회의 신학사적인 의미를 찾아본 셈이다. 사실 박형룡의 일생은 韓國教會의 神學史일 뿐 아니라 神學教史이다. 박형룡 박사는 평양신학교, 장로회신학교, 총회신학교와 총신대학 및 신학대학원에 이르는 일련의 맥을 이어온, 그야말로 박형룡 없는 총신을 생각할 수 없다. 바로 그의 존재가 平神, 長神, 總神의 동질성과 역사의 매을 잇는 핵이 되는 것이다. 그것은 단지 신학적인 전통이 그러하다는 정도가 아니고 그 분의 삶과 사상이 우리의 뿌리와 맥을 잇는 중추가 된다. 그래서 필자는 이글에서 朴亨龍과 總神과의 관계를 설명하고 그의 신학과 삶이 어떻게 總神의 미래와 연결되어야 할 것인가를 묻기 위해서 그 역사를 더듬어 보기로 한다.

---

7) Ibid. pp. 226, 230, 239.

8) Ibid. pp. 251~253.

II. 神學教育者로서의 朴亨龍

1957년 3월 25일자 기독공보는 「朴亨龍博士 延壽記念集」이란 일단짜리 기사에서 다음과 같이 쓰고 있다. 즉

> "장로회신학－平神－滿神－朝神－長神－總神 동창회 정기 총회는 3월 14일 오후 1시로부터 서울 영락교회 C.E.회관에서 회집되었다 …[9]

고 하였다. 그리고 여기서부터 박형룡 박사의 회갑논문집 출판위원회가 구성되었다.[10] 이것은 박형룡은 평양신학교에서부터 總神에 이르기까지 신학교육자로서 굳건히 지켜왔음을 의미한다. 달리말하면, 역사의 과정과 교단의 분열 등으로 학교의 명칭은 달라졌을지라도 평양신학교의 전통은 박형룡이라는 신학교육자에 의해서 總神에 전수된 것이다. 사실 박형룡은 신학교육을 위해서 세상에 나서 그 사명을 감당하고 주의 부르심을 받은 분이다. 실제로 1930년대에서 1960년대까지 한국 장로교회의 모든 교역자들은 그의 제자들이었다. 박형룡의 신학과 삶은 바로 한국교회의 지도자들의 신앙이요 삶이었다.

---

9) 기독공보, 제409호(1957. 3. 25) 1면.

10) *Ibid.* 당시 임원선거를 하니 회장:김양선, 부회장:양화석, 서기:박찬목, 성갑식, 회계:이환수, 김성무, 총무부장:채기은, 회우부장:최중해, 재정부장:서금찬 등이 있다.

A. 박형룡의 신학자로서의 길

박형룡은 1926년 프린스톤 신학교에서 석사학위를 마치고 1927년 루이스빌에서 1년간 박사학위 과정을 하다가 일단 귀국한다. 미국에서 돌아온 박형룡은 평양 산정현교회 전도사로 시작하여 곧 이어 同事牧師가 된다.[11] 그는 명 설교가로서 이름을 떨쳤을 뿐 아니라[12] 교육자로서 숭실중학교, 숭실전문학교, 평양 신학교의 강사로 일하면서 평양신학교의 대변지인 「神學指南」의 기고자가 되어서 그의 필봉을 휘둘렀다. 앞서 말한대로 그는 설교가일 뿐 아니라 명문장가이기도 했다. 그는 한문과 일문, 그리고 영어에 능통했다. 그러기에 東西의 지식을 자유자재로 인용하면서 당대의 혼란한 신학계와 교계를 향하여 정통기독교를 옹호하는 변증적인 글을 발표하여 갈채를 받았다. 그러나 이미 희년

---

11) 박형룡의 평양 산정현교회의 동사목사 위임식은 1929년 7월이었고 당시 위임식 설교에는 南宮赫 博士가 딤전 5장 1-7을 읽고 "牧會者의 職責"이란 제목으로 설교하였다. 긔독신보, 720호(1929. 7. 31) 7면.

12) 박형룡은 이미 숭실전문학교 시절 1920년에 숭실전문학교 학생 16명을 인솔해서 전남 목포 양동교회에서 '天의 劍'이란 제목으로 설교하다가 체포되여 10개월 동안 투옥되었다. 긔독신보, 제6권 8호(1920. 2. 23). 또한 최근의 기독신보 인터뷰에서(1975. 12. 13) 자신이 밝힌 것을 보면 박형룡은 예수믿게 된 동기가 이렇다. 10여세때 산골서당 훈장이 장차 큰일을 하려면 연설(웅변)을 배우라고 해서 그때부터 예배당에 나가 연설구경(목사님의 설교를 듣는일)을 하러다니다가 예수를 믿게 되었다고 한다. 박형룡은 한대 웅변가로서도 이름을 떨쳤다고 한다.

을 전후해서 교계일각에서는 평양신학교의 정통신학에 정면적으로 도전하는 세력들이 적지 아니했다. 그들의 주장은 평양신학교의 신학수준은 미달인데다가 편협하다는 비판이었다. 즉 신神學을 동경하는 혁신세력들이 증가하고 있었다. 예컨대 긔독신보에는 「1934년의 朝鮮敎會當面問題」란 제목으로 이름을 밝히지 않는 한 투고자의 글을 실었는데 '새神學校를 設立하라' 는 취지로 다음과 같은 글이 실렸다. 즉

> "우리敎界에 當面한 問題가 너무 많다. 이는 모든 問題의 根源인 敎役者의 機關이 不完全한 까닭이다. 新敎傳來 五十年에 神學校들의 形便을 보면 寒心하다. 뜻있는 靑年은 모우기에는 너무나 뒤떨어진 感이 不無하다. 이곳에서 時代를 洞察하며 우리의 마음을 앞으로 引導하여줄 福音의 使者는 얻기 어렵다. 敎理問題니 異端問題니 당파싸움이니 하는 것이 왜 이다지 우리의 敎界를 어지럽게 하는가 참다운 福音을 밝혀 宣言하지 못하며 참다운 敎役者를 産出하지 못하는 神學校의 責任이 아닌가?
> 神學校를 改造하라, 改造할 수 없을만큼 되여있거던 새로이 設立하라, 偏狹한 敎派心에 拘束을 받지 않고, 時代와 步調를 같이하는 進步的인 새로운 神學校를 建設하라 朝鮮敎會를 救하려면 根本的으로 이 神學校를 解決해야 할 것이다. …"[13]

---

13) 긔독신보(基督申報) 951호, 1934. 2. 21. 2면의 基督申報는 오늘의 기독신보와는 완전히 다른 신문이다. 基督申報는 1915년 12월 7일에 예수교敎報와 그리스도新聞이 合倂하여 되어진 장감 연합지이다. 1937년 7월까지 계속되었다.

라고 했다. 당시 基督申報의 이런 논조는 이미 자유주의 사상이 교회안에 깊숙히 들어왔다는 증거가 된다. 이것은 바로 희면을 전후한 한국교회의 신학과 신앙의 기상도를 보여준다고 할 수 있다. 박형룡은 이러한 교계의 척박한 풍토와 무질서 속에서도 변증신학자로서의 사명을 감당하고 있었다. 특히 1928년에서 평양신학교가 폐교된 후인 1940년까지 12년간 줄기차게 강의와 집필을 통해서 정통기독교를 옹호하는데 심혈을 기울였다. 물론 박형룡은 1928년 4월 1일부터 평양신학교의 임시교수가 되고 1931년 4월에 정교수로 취임하게 된다. 1928년부터 계산하여 그의 서거까지 정확하게 50년간을 한국보수신학계의 대들보 구실을 하면서 정통신학을 확고히 붙들고 온 것이다. 그러므로 박형룡의 신학교육자로서의 길은 平神에서 總神까지 일관되고 통일된 개혁주의 신학을 가르친 신학교육자이다.

B. 朴亨龍의 神學的 背景

앞에서 우리는 박형룡의 신학자로서의 길을 간략하게 살펴보았다.

박형룡은 숭실전문학교에서 신교육을 받았고, 그 전에는 한학을, 그리고 중국과 미국에서 공부하였다. 박형룡은 1933년 1월 7일 미국 루이스빌의 남침례학신교에서 철학박사학위(Ph. D.)를 받는다. 1933년 2월 15일자 「基督申報」에는 다음과 같은 기사가 학위복을 입은 사진과 함께 기록되었다.

> "평양기독교장노회 평양신학교(平壤神學校)교수 박형룡(朴亨龍)씨가 「自然科學에서 나오는 反基督槪論」이라는 논문을 미국 프린스톤대학에 제출하였든바 지난 1월 7일에 무난히 통과하야 지난 5일에 그 소식이 평양신학교에도 도착하였는데 씨는 일즉이 선천신학교를 졸업하고 평양숭실대학을 졸업한후 남경 금릉대학교를 졸업하고 미국 프린스톤 신학을 1926년에 졸업하고 현재 평양신학교에 교수다. 씨를 방문한 기자에게 대하여 그는 흔한 일에 너무 과분한 무름이외다. 내 논문에 극력찬조한 동창 「낄-몰진」 씨의 친절을 감사하나니다」하고 말한다."[14)]

위의 기사에서 보는대로 박형룡의 교육배경은 당시로서 최고의 화려한 경력이었고 학위를 받기 전에 이미 그는 교수로서 일하고 있었다. 특히 그의 박사학위 논문은 변증학 분야이었는데 제목은 "Anti-Christian Inferences from Natural Science"였다.[15)] 박형룡의 논문은 여섯부분으로 나누어진다. 즉 종교에 반대하는 자연과학의 반기독성, 그리고 성경에 반대하는 반기독성,

---

14) 基督申報, 1933. 2. 15. 1면. 이 기사에서는 프린스톤에 학위를 제출한 것처럼 되어있으나 기자의 오판이었던 것 같고, 선천신학교를 졸업했다는 표현은 아마 선천신성학교를 지칭하는 것일게다.

하나님의 존재에 반대하는 반기독성, 하나님의 사역에 반대하는 반기독성, 인간성의 고등개념에 반대하는 반기독성, 그리고 죄와 구원에 반대한 반기독성을 논하고 있다.[16] 특히 이 논문의 서문에는 박형룡이 박사학위논문을 쓰기까지의 감사한 분들을 언급하고 있다. 즉 루이스빌의 남침례교회신학교에 카버(Dr. W.O. Carver), 뮬린스(late President E.Y. Mullins), 가드너(Dr. C.S. Gardner)등을 언급했는데 알려진 인물은 아니었고, 논문의 주심 또는 부심들이었던 것 같다. 그리고 프린스톤신학교에 있는 교수로는 그린(Dr. W.B. Greene. Jr)과 죤슨(Dr. George Johnson)등을 거명하고 있다. 이중에서 그린 박사(1854~1928)는 메이첸박사와 뜻을 같이 하던 교수로서 박형룡에게 절대적 영향을 끼쳤다.[17] 특히 박형룡

15) 이 논문은 1931년 4월 30일 서문이 쓰여졌고 p.348의 대논문이였다. 표지에는 A Thesis Submitted to the Faculty of Southern Baptist Theological Seminary in Partial Fulfillment of the Requirements for the Degree of Doctor of Philosophy by Huyng-Nong Park으로 되어있고 박형룡에게 결정적인 도움을 주었던 뉴져지주 모리스타운의 독립장로교회인 임마누엘 교회 목사인 길모어(Dr. lawrence B. Gilmore)박사에게 바친다는 글이 눈길을 끈다. 즉 To Rev. Lawrence B. Gilmore, Th. D. my "American Brother in Christ" Who has ever been Inspiration and strength in my ministry these pages are gratefully dedicated.로 되어있다. 그런데 구체적으로 길모어 박사가 무엇을 도왔는지를 알 수 없으나 용기를 주고 경제적인 도움을 주어서 박형룡으로 하여금 신학수업을 결정적으로 성공하게 된 배후인물이었을 것이다.

16) 朴亨龍博士 著作全集, 學位論文, XV.(韓國基督教育硏究院 1983).

17) N.B. Stonehouse, G. Gresham Machen, *A Bilgraphical Memoir*(Grand Rapids Eerd. Co. 1954). p.68. 그린은 페톤(Francis L. Patton)의 뒤를 이은 조직신학교수였다.

은 웨스트민스터 신학교의 메이첸(Dr. J. Gresham Machen)에게 특별감사를 드리고 있다. 그리고 평양 숭실대학(The Union Christian College, Pyeng Yang)의 윤산온 교장(President George Mccune)에게 감사하고 있다. 이로보건대 박형룡의 신학형성의 배경과 과정을 짐작할 수 있을 것이다. 박형룡은 그의 학위논문의 서문에서 그가 왜 변증학을 공부하였으며 이러한 논문을 쓰게 되었는지를 설명하고 있다. 그 요점을 정리하면 대강 다음과 같다.

1923년 8월에 미국으로 신학을 공부하기 위하여 배를 타고 태평양을 건너는 중에 당시 일본에서 유학하고 있는 한국인학생들이 발행하는 잡지인 「學之光」에 기독교를 공박하는 논문을 읽다가 충격을 받았다고 한다. 그때부터 젊은 박형룡의 가슴 속에는 기독교의 진리를 변증하고 옹호하는데 일생을 바치리라 결심하게 되었다.[18] 그런데 이러한 박형룡의 기독교 변증에 대한 열정과 구프린스톤의 학문적 분위기와는 묘하게도 맞아 떨어졌다. 당시 프린스톤신학교는 19세기의 자유주의 신학 운동에 맞서 강한 칼빈주의적인 정통신학을 파수하려는 분위기였기에 그는 학문에 정열을 불태웠다. 당시의 프린스톤신학의 거장인 알렉산더(A. alexander, 1772~1851), 핫지(C.Hodge, 1797~1878), 월필드

18) 朴亨龍博士 著作全集, 學位論文, xv. 서문, 그의 저작전집 서문에는 한글로 같은 내용이 게제되어 있다.

(B.B. Warfield 1851~1921), 메이첸(J.G. Machen; 1881~1937)이 있었다. 그런데 실제로 박형룡이 프린스톤에 갔을 때는 앞서 말한 신학의 거장들은 세상을 떠나고, 메이첸이 바톤을 이어받았다. 메이첸은 1902~1904년 사이 프린스톤신학교에서 공부했는데, 당시 그는 알렉산더와 밀러(Sammul Miller)아래서 배웠다. 메이첸은 특히 더 위트(John De Witt)와 월필드, 그리고 페튼(Francis L. Patton)에게서 배웠는데 물론 페튼은 핫지의 제자였다. 그런데 메이첸의 생애와 사상은 어떤 교수보다 월필드와 페튼에게서 큰 영향을 받았다.[19)]

그리고 메이첸은 1914년부터 프린스톤 신학교 신약학을 가르치다가 신약문헌학(New Testament Literature)과 신약주경신학의 조교수로 일했다. 박형룡은 프린스톤의 정통신학을 지키려는 마지막 보루로 남아있었던 메이첸과의 만남에서 그의 신학적인 입장과 틀이 형성되었다고 본다. 그리고 그러한 신학적 입장이 그의 교의학 전반에 걸쳐서 하나의 맥을 이룬것도 사실이다. 그래서 박형룡은 그의 教義學을 저술함에 있어서, 그의 신학이 창

---

19) John C. Van der Stelt, *Philosophy and Scripture, a Study in old Princeton and Westminster Theodogy*(New Jersey: Mack Pub. Co., 1978).p. 201f. Van der Stelt박사의 이 저서는 본래 암스텔담 Vrij Universiteit의 G.C. Berkouwer 아래서 박사학위 논문으로 제출되었던 것이다. 이 책은 구프린스톤과 웨스트 민스터신학의 뿌리와 맥을 찾는데 있어서 결정적인 책이다. 또한 洪致模교수가 번역한 W. Andrew Hoffecker의 프린스톤神學의 三大巨星(利久出版社, 1983)는 좋은 참고서이다.

작적 활동이 아님을 비유하여 "다른 사람들의 화원에서 꺾어 모은 꽃다발"로 표현하였다.[20] 그러면서도 그가 배웠던 개혁주의적 정통신학을 정확히 전달하려고 노력하였다. 그는 말하기를,

> "필자의 본의는 칼빈주의 개혁파 정통신학을 그대로 받아서 전달하는데 있고 감히 무엇을 창작하려는 것이 아니다. 이것은 옛사람이 말한바 述而不作의 태도라 할 것이다. 80년전 이땅에 선교사들이 와서 전하여준 그대로의 바른 신학을 새 세대에 전달하는 것이 필자의 염원이기 때문이다."[21]

라고 하였다. 박형룡의 이러한 신학함의 방법에 대해서 비판적인 시각을 갖는 이들은 그의 신학에 창의성이 없음을 지적하고 있다. 그러나 박형룡 자신은 〈다양 중의 통일〉 또는 〈관현악단의 연주〉로 비유하기도 하였다. 즉

> "이 관현악단의 여러가지 많은 악기들이 하나의 완전한 곡조를 취주한다. 이러므로 우리는 그것들이 한 선생과 작곡가의 지도를 받는다고 느낀다."[22]

고 하였다. 이것은 박아론 박사의 평가처럼, 박 박사의 성경의 내

---

20) 朴亨龍, 教義神學 제1권, 서문.
21) *Ibid.*
22) *Ibid.* p. 242.

면적 통일성에 관한 〈관현악단적 비유〉는 그의 신학을 이해하는 데 도움이 되는 비유라고 본다.[23] 혹자는 박형룡의 신학은 미국의 개혁주의 정통신학자 루이스 벌코프(Louis Berkhof)의 신학을 그대로 복사한 것이라고 한다. 또 혹자는 벌코프의 조직신학에도 챨스 핫지, A.A. 핫지, 바빙크 등의 자료를 적당히 배열했다고도 한다.[24] 물론 이런 평가는 사실이다. 사실 박형룡은 1938년 평양신학교가 강제로 폐교당하고 일본의 고베(神戶)에서 성경주석 사업을 하다가 중국으로 들어간다. 그는 만주 동북신학교의 교장과 교수직을 맡고서부터(1942) 교의학을 본격적으로 가르치게 됐다. 그때 그가 채용한 교재가 당시 미국의 개혁주의 신학 중에 최고봉에 있었던 칼빈신학교 조직신학 교수인 루이스 벌코프가 쓴 '조직신학' (Systematic Theology, 1941)이었다. 박형룡은 벌코프 교수의 조직신학을 번역하면서 교재를 만들어갔다. 그리고 이 교재를 만들어가면서 35년간 수정증보를 해나가면서 완성한 것이 1977년에 출판된 그의 저작 전집이라고 할 수 있다. 1942년부터 시작된 교의학 강의와 그의 강의안은 양면괘지에 정성껏 준비해왔는데 매년 새로운 자료를 보완해나가는 학문적인 열정을 볼 수 있다. 박형룡은 35년간 강의안을 준비하면서 미국

---

23) 朴雅論, "朴亨龍의 神學思想" 神學思想, Vol. 25.(1979)여름, 韓國神學研究所, p.23.

24) *Ibid.*

이나 화란의 개혁주의 학자들의 새로운 저술이나 논문에서 보완해 나간 셈이다. 그래서 그의 교의학은 루이스 벌코프의 조직신학의 골격을 완벽하게 전달하려고 노력한 것이다. 그래서 자연히 벌코프가 채용한 개혁주의 신학자들 즉 카이퍼, 바빙크, 핫지, 월필드, 쉐드, 스트롱, 댑니, 메이첸 같은 이들이 박형룡에게 절대적인 영향을 끼쳤다면, 루이스 벌코프는 어떤 사람인가를 잠깐 살펴볼 필요가 있을 것이다. 왜냐하면 벌코프의 신학을 살핀다는 의미는 박형룡의 신학사상을 살피는 것과 같은 의미도 있을 것이다.

루이스 벌코프(Louis Berkhof, 1873~1957)는 화란의 엠멘(Emmen)에서 출생하여 그가 아홉살 때인 1882년에 아버지를 따라 미국으로 이민왔다. 그는 그렌드 레피드의 신학교 문학부(지금의 칼빈대학)를 1897년에 졸업하고 곧 이어서 1900년에 현재의 칼빈신학교를 졸업하였다. 여기서 그는 19세기의 화란의 철저한 칼빈주의 전통에 의해서 신학을 수업하고, 카이퍼와 바빙크의 신학적 전통을 전수하게 된다. 1904년에 프린스톤 신학교를 졸업하고(B.D) 이어서 통신으로 쉬카고대학을 졸업하였다. 1900년에는 기독교개혁파교회(Christian Reformed Church)의 목사로 장립받고 1900~1902년까지 알렌데일 교회와 1904~1906년까지 오크데일 팍 교회를 시무하면서 실제로 목회의 경험을 쌓는다. 그리고 1906년부터 1914년까지는 칼빈신학교에 해석신학(Exegetical Theology)교수로, 1914년부터 1926년까지는 신약학 교수로 지냈다. 또한 1926년부터 그가 은퇴하던 1944년까지 조직신학 교수로 일하였다. 벌코프의 신학을 사변적이라고 평하는 사람들이 있으나 벌코프는 신약해석학과 신약신학의 기초를 가지고 완벽하게 조직 신학을 엮어갔다. 그러한 가운데도 1931년부터 1944년까지 칼빈신학교의 교장으로 14년간을 봉직했다. 그뿐 아니라 그는 기독교 개혁파교회의 총회의 중요 요직을 두루 거치면서 각종 위원회에서 일하기도 했다.

특히 잡지 "The Witness"와 "Reformed Herald"의 편집주간으로서 1921년에서 1926년까지 일하기도 했다. 그는 1944년 은퇴한 후에도 1957년 그의 서거까지 줄기차게 학문연구를 계속했다.[25] 벌코프는 그가 신학교 교수로 일하기 시작한 1906년부터 서거하기까지 50년간 1000여편의 논문을 발표했는데, 년간 20여편의 논문을 쓰는 천부적인 다작가였다. 그중에서도 그의 걸작은 역시 조직신학이다.[26]

---

25) Peter De Klerk, *A Bibliography of the Writings of Professors of Calvin Theological Seminary*(Grand Rapids: Calvin Theological Seminary, 1980), p. 2.

26) 1932년에 첫번 저서의 초판때는 조직신학이 아니고 화란의 바빙크의 저서와 같이 개혁주의 교의학(*Reformed Dogmatics*)이라고 했다. 후에 다시 수장판이 나올때는 조직신학서론(*Introductory Volume to Systematic Theology*)으로 출판되었다. 스페인어로는 "Introduccion a la teologia Sistematica"로 번역되었다. 조직신학 2권도 1932년에 초판이 출판된후 50여년간 계속 출판되었으며 장로교 및 모든 개혁주의 교회의 교과서로 쓰여지고 있다. 특히 그의 조직신학의 요약이라고 할 수 있는 *"Manual of Reformed Doctrine"*

이렇게 볼 때 벌코프의 신학자로서의 생애와 박형룡은 퍽 유사한 점이 너무나 많다. 그가 종교개혁 이후부터 칼빈주의적인 정통신학(카이퍼나 바빙크의 신학)을 미국에 소개하려는 열정이나 박형룡이 개혁주의 보수신학을 다시 한국에 철저히 소개하려는 의도는 닮았었다.

벌코프는 성경신학자로서 조직신학자가 되었다면, 박형룡은 변증학자로서 조직신학자가 된셈이다. 14년간 교장으로서의 삶이나 잡지의 편집주간으로 보낸 경력도 퍽 닮은 내용이다. 어쨌든 박형룡은 벌코프의 조직신학을 철저히 따르려고 했던 것으로 보아, 앞으로는 박형룡 신학을 연구하기에 앞서 벌코프의 신학연구가 선행되어야 하리라고 본다. 金義煥은 최근 그의 글에서 루이스 벌코프에 대해서 다음과 같이 말하고 있다. 즉,

"20세기 중엽까지 미국 보수교회의 전반에 가장 많은 신학적 영향을 끼친 개혁주의 신학자 중의 한사람으로 루이스 벌코프는 단연 손꼽힐만하다. 그는 미시간의 칼빈신학교의 조직신학 교수로 재직한 38년간의 교수 생활에서 강의와 저서들을 통하여 미국의 대표적 개혁주의 신학자로서의 위치를 굳

1933년에 출판되었으며 1939년에 재판될 때는 "manual of Christian doctrine"으로 고쳤다. 그후 이책은 오늘에 이르기까지 수많은 판을 거듭했으며 영국판, 그리고 번역본으로 한국을 위시해서 일본어, 스페인어, 중국어 등 여러나라 말로 번역되어 개혁주의 신학에 결정적인 영향을 미치게 하였다. Ibid. p. 2, 14.

혔다. 때로는 그가 속한 기독개혁교회의 내부적 신학논쟁 등으로 시달림을 받기도 했으나 그것들은 오히려 그로 하여금 많은 변증서와 제자를 남긴 생산적 신학자로 만들게 하였다. 그의 대표적 저서들은 "조직신학"을 비롯한 교리적 부분에 속하지만 성서신학 부분에도 적지않은 저술을 남겼다."[27]

고 하였다. 벌코프는 조직신학자로서 학문연구에 몰두 할 뿐만 아니라 미국 교회의 여러가지 사회적 문제에 대해서도 깊은 관심을 가지고 있었다. 그 당시에 이른바 사회복음주의(Social Gospel)적 기독교 방향에 대해서 개혁주의적인 대답을 주었다. 뿐만 아니라 20세기 초엽에 일어났던 미국의 근본주의 운동이 자유주의 신학에 대한 단순한 부정적인 반응만을 보이는 보수주의 신학의 허상을 지적하고 보다 적극적인 대응책을 내어 놓기도 했다.[28]

필자는 본란에서 박형룡신학의 배경으로서 벌코프를 다소 길게 살펴보았다. 화란의 선교신학자 벌카일(Johanes Verkuyl) 박

---

27) 金義煥, "美國의 改革主義 神學者" 神學指南, 제55권 1집 215호(1988), p.102f. 벌코프는 조직신학분야의 논문이 절대적이지만 신약신학 분야에서도 많은 저서와 논문을 남겼다. 즉, Principle of Biblical Interpretation: *Life under the Law in a Paul Theocracy*(1914)., *Biblical archeology*(1915). *Introduction to the New testament*(1915)가 있고 주요 논문으로서는 "De Verklaring der Heilige Schrift" Wach 39, (1906) "ftstudie op onze Vereeniging" Calvin, I.(1911). "Handleiding voor de bijbelbes preking(1911). "Her Koninkrijk Goods" wach 52.(1919) 등이다. 위의 논문들은 이민초기 였으므로 대개가 화란말로 쓰여졌다.

28) 金義煥, op. cit. p. 103.

사의 지적처럼 비록 제3세계의 신학이 창조성을 결여한 수입신학(Import Theologie), 재생신학(Reproductie Theologie) 또는 화분같이 신학(Pot Plant Theologie)에 불과하다고는 하지만,[29] 박형룡신학은 적어도 한국 교회의 기초를 놓는 단계에서 전통적이고 칼빈주의적인 벌코의 조직신학을 충실히 한국 교회에 옮기고, 기타 구미의 개혁주의 신학자들의 의견을 보완하여 한국 교회에 심은 것은 실로 박형룡의 초인적인 연구가 없었으면 불가능했을 것이다. 그리고 오늘날 한국 교회가 이만큼 성장한 배후에는 개혁주의적인 보수신학이 바탕에 깔려 있었기 때문이라고 본다.

III. 朴亨龍과 神學校 변천사

앞서 지적한대로 한국장로교회의 신학교 변천사는 박형룡과 궤(軌)를 같이 한다. 그 이유는 박형룡의 신학함의 방법과 삶은 바로 한국 교회의 신학적인 상황변화에도 불구하고 꿋꿋이 그 맥을 유지해 왔기 때문이다. 우선은 평양신학교에서부터 총신에 이르기까지 박형룡의 역할과 영향이 무엇인지를 간단히 살펴보기로 하자.

---

29) J. Verkuyl, *Inleicling in de Nieuwere Zendings wetensehaap*, J.H. Kok, (Kampen, 1975), p. 333f.

A. 朴亨龍과 平壤神學教

박형룡의 평양신학교와의 관계는 11년간이었다. 1927년 미국의 루이스빌 남침례교신학교에서 박사학위 과정을 하다가 귀국한다. 그때부터 평양신학교의 강사로 일하면서 「神學指南」에 기고자가 됨으로 한국 교회에서의 신학 활동이 정식으로 시작된다. 물론 당시에 박형룡은 평양신학교에서 강의 말고도 산정현교회의 동사목사로 또는 숭실중학교의 성경교사로, 숭실전문학교의 강사의 일도 동시에 감당하게 된다.

이듬해인 1928년 4월 1일부터 평양신학교 임시 교수로 재직하다가 1931년 4월 1일에 정교수로 취임했으며 주로 변증학과 기독교윤리학 등을 담당하였다.[30] 이즈음 1935년 기독교변증학에 대한 명저인 「신학난제선평」이 발간되어 변증신학자로 우뚝서서 한국장로교회의 진리수호에 앞장섰다. 그때까지만해도 선교사 주도시대였으므로 평양신학교에서의 박형룡의 활동은 오직 교수하는 일과 「神學指南」에 기고하는 것으로 그의 학문적 기반을 쌓아나갔다. 박형룡은 처음에 평양신학교 교수결원을 메꾸기 위하여 임시교수로 있었으나 학문적 노력과 성적이 탁월하여

---

30) 朴雅論, "故朴亨龍 博士 略歷" 神學思想, Vol. 25. (1979. 여름) 韓國神學研究所, p. 200.

1930년부터 조교수로 채용된 것이다.[31] 평양신학교에 있어서 박형룡의 학문적인 업적은 대단했다. 앞서 말한대로 그의 학문적인 발표는 주로 「神學指南」에 발표되었는데 그는 1928년에 그의 처녀작 "次代에 宗教가 消滅될까?"라는 논문을 필두로 「신학지남」이 정간하기까지 37개의 논문을 발표하였다. 이때 박형룡의 변증학자로서 가장 전성기에 이른다. 물론 그의 논문이 변증학에 국한된 것이 아니고 종교론, 기독교윤리학, 성경해석 등 퍽 다양한 것이었다. 그중에서 박형룡이 쓴 명논문 가운데 「宗教의 權威」라는 글이다. 이 글은 지금부터 60여년 전인 1930년에 쓰여

---

31) 죠선예수교 장로회 뎨二十회회록, 쥬후 1931年 9月 11日로 17日, 금강산 수양관에서(p.47) 신학교육부장 이자익목사의 보고 16항에는 다음과 같이 기록하고 있다. 즉 "작금량년에 교수의 결원으로 박형룡목사를 청빙하야 림시교수케 하온바 셩적이 매우 량호함으로 금츄긔부터 죠교수로 채용하였아오며…"라고 하였다. 당시는 신학교교수가 타학교에 출강할 경우는 이사회의 허락을 얻었다. 죠선예수교장로회 뎨二十一회 회록에는 다음과 같은 보고가 있다. 즉 "목포에 계신 죠하파목사난 리눌셔 교수를 대리하여 조직신학을 교슈하옵고 곽안련, 리셩휘 량교수는 슝전에 박형룡교슈는 슝실학교에서 몇시간식 교수하엿사오며 남궁 혁 교슈는 신학지남 쥬간으로 여전히 시무하시오며…" p. 53. 평양신학교에서 한국인 교수가 가르치게 된 것은 다음과 같다. 1924년 가을학기에 최초로 한국인 강사로서 金善斗 목사가, 1925년 가을학기부터 최초로 한국인 조교수로 南宮 赫목사가 각각 취임하였다. 그리고 1926년 봄학기부터 李聖徽, 김선두목사가 임시교수로 가담했으며, 남궁혁목사는 1927년에 교수로 승진되었다. 朴亨龍 목사는 1928년 봄학기부터 임시교수로 취임하여 1934년 정교수로 승진된다. 그밖의 한인교수로는 金仁俊, 高麗偉목사 등이 있다. 蔡基恩, 韓國教會史(예수교문서선교회, 1977), p.59.

진 것임에도 불구하고 오늘 우리시대의 상황과 매우 흡사한 것을 보여준다. 그것을 간략히 요약하면 짐승은 무정부, 무도덕, 무종교의 혼란한 상태로 생활하지만, 인간사회란 그렇지 않아서 정부, 도덕, 종교 등의 절제를 받아서 질서있게 나가려는 것이다. 그런데 인간은 개성과 자유를 가지고 있으므로 절제를 받는 것은 쉬운 일이 아니란 것이다. 그럼에도 불구하고 인간답게 살기 위해서는 절제가 필요한데, 그것은 권위에 의존할 수 밖에 없다고 썼다. 그리고 권위의 종류에는 첫째로 교육학적 권위, 둘째는 사회학적 권위, 세째는 인식학적 권위를 열거하면서 성경의 권위가 어떠함을 역설해 나가는데 그의 필치는 논리적으로 뿐만 아니라 실로 명문장이 아닐 수 없다.[32] 또한 박형룡이 평양신학교에 교수로 재직하면서 기독신문에 "世界眼目에 나타난 朝鮮基督敎會"란 글을 연재하면서 한국교회의 나아갈 방향에 대해서 명백한 목표를 제시하기도 하였다. 한국교회를 전세계교회의 안목에서 재평가하고 그 위치를 재정립하려는 노력은 높이 평가 받아야 하리라고 본다.[33]

---

32) 朴亨龍, "宗教의 權威" 神學指南, Vol. 8, 3.(1930. 5). pp. 19~24.

33) 긔독신보, 967호, 1934. 6. 13일자, 3면, 이 글에 대한 박형룡은 다음과 같이 해설을 덧붙였다. "필자부기, 이 글은 몇곳에서 강연한 일이 있고 또 어느지면에서도 발표한 바 잇으나 긔독신보사의 더 널리 알리자는 부탁으로 이에 발표하기로 하였음" 이글은 4회 걸쳐 연재되었다.

B. 朴亨龍과 滿神

1938년 평양신학교는 신사참배를 반대하다가 일제에 의해서 강제로 폐교당했다. 그러나 실제 그후 2년동안 「神學指南」를 통해서, 평신교수들은 신학활동을 계속했다. 이때 박형룡은 「신학지남」에 많은 글을 썼다. 1939년에는 "바울의 회심" "人生의 要求와 基督教" "神의 慈悲와 自然의 苦痛"을 썼고 1940년에는 "神槪念의 由來" "新約의 辯證的 要素" "基督教 倫理에 의한 辯證" "良心에 의한 有神論證" "칼빈주의와 新칼빈주의"등의 논문을 발표하였다. 그러나 박형료은 신사참배의 반대를 굽히지 않고 일본으로 망명하기로 결심했다. 그러나 때마침 일본기독교 지도자로부터 일본에서 성경주석 사업을 맡아달라는 부탁을 받게 되었다. 일시 환란을 피하기도 할겸 일본으로 건너가서 동경의 장로회에서 聖經標準註釋委員이 되어 주석을 펴내고 있었다. 그러나 일이 여의치 않아 1941년 9월 만주의 봉천으로 갔다. 이곳에서 조국이 광복될 때까지 만주신학교 강사로 시무했다. 박형룡은 일제가 패망했지만 현지 교인들의 간곡한 소원을 뿌리칠 수 없어 해방된 조국으로 달리는 마음을 가누며 1947년 7월까지 봉천에 있는 東北神學校의 교장 겸 교수로 시무하게 된다.[34] 사실 이때

34) 信聖學校史(서울: 信聖學校同窓會, 1980). p. 421f.

약 6년 동안 박형룡의 활동사항에 대해서는 자세한 기록은 없다. 다만 앞서 말한대로 이때부터 조직신학 과목을 가르쳤으며, 벌코프의 조직신학을 중심으로 강의안을 작성하게 되었다. 이 강의안은 그의 평생을 두고 수정 보완작업을 계속하였다. 박형룡은 만주에서도 신학교육을 계속했기에 후일 총회 안에는 滿神출신의 지도자가 여럿 있었다. 총회장을 역임했던 황금천 목사, 왕십리교회의 원로목사인 서재신 목사 등이 그 대표적인 인물이라고 할 수 있겠다. 滿神은 平神이나 總神과 직접 관계는 없으나 박형룡이 망명시대에 관련된 것이기에 살펴본 것이다. 8·15해방이 되자 평양에서는 1945년 11월에 교역자 퇴수회가 열리게 되었으며 박형룡 박사를 강사로 초청집회를 했으나 반응은 퍽 냉담했다. 해방을 맞은 한국교회 지도자들은 회개의 기미는 보이지 않고 지난날의 신사참배를 합리화 시키고 도리어 교권을 유지하는데 급급했다. 그래서 박형룡은 한국교회의 장래를 염려하면서 만주로 돌아갔다.[35)]

35) 정규오, 신학적 입장에서 본 한국장로교교회사(上), (한국복음문서협회, 1983). p. 72.

C. 朴亨龍과 長神

이 땅에 복음적이고 보수주의적인 선교사에 의해서 세워진 평양신학교는 40년동안 보수주의 신학을 확고히 지켜왔으나, 1938년 9월 30일 신사참배문제로 무기휴학하고 문을 닫는다. 이로부터 10여년간 한국교회와 신학을 실로 혼돈과 암흑의 시대라고 봐도 좋을 것이다. 우리는 여기서 진정한 의미에서 평양신학교의 후신을 잇는 장로회신학교가 출현할 때까지 얽혀썬 몇가지 배경과 상황을 설명한 후에 어떻게 장로교 신학교가 세워졌으며 그것이 박형룡과 어떻게 관계 되었는지를 살펴보고자 한다. 평양신학교가 문을 닫자 세계정세는 날로 악화되어가고 있었고 선교사업은 더 이상 할 수 없게 되었다. 그래서 선교사들은 속속 귀국하게 됐고 박형룡 박사와 남궁 혁 박사 등 한국인 교수들은 망명길에 올랐으므로 평양신학교가 다시 개교되기는 불가능하게 되었다. 거기다가 신사참배를 결사적으로 반대하던 朱基徹 목사 등 10여명의 보수주의 신앙노선을 가진 분들이 투옥되자 교계의 분위기는 일순간에 달라지게 되었다. 반세기 동안 보수정통신앙의 지도자들에 의해서 계승되던 신앙노선과 교권은 자연히 일본에서 신학 또는 고등 교육을 받은 교역자들에게 옮겨지게 되고 친일파에 의해서 움직여지게 되었다. 그래서 한국교회에서는 자유주의 신학이 득세하고 일제의 식민지 정책에 순종하는 일종의 변질된 신학사상이 출현하게 된다.[36] 이러한 분위기 중에, 평양신학교가 문을 닫기 전에 새로운 신학교를 창설할 목적으로 서울에 온 蔡弼近 목사가 당시 「基督教報」를 통하여 朝鮮神學校 설립을 제창하였다. 이에 金英珠, 車裁明 목사가 적극 가담하고 金大鉉 장로가 신학교육을 위한 거액을 헌금해서 1939년 3월 27일 조선신학교 설립 기성회를 조직하고 그해 가을 勝洞教會 아랫층에서 개교하였다. 그리고 이 신학교를 총회직영으로 해줄 것을 청원하였으나 총회는 이를 부결하고 다만 승인 정도에 그쳤다. 그래서 채필근, 김영주, 함태영 등의 교수진으로 1940년 4월에 정식으로 개교하게 되었다. 조선신학교 설립의 주도자인 채필근 목사는 동경 유학시절 자유주의 신학사상에 영향을 입었고 신앙은 보수적인 면이 없지 않았으나 신학에 있어서는 자유주의적이었음이 현저하였다.[37]

이렇게 되자 평양에서는 보다 철저한 방법으로 교권을 장악한 李承吉, 吳文煥, 金善煥, 康炳錫 등을 중심한 새로운 신학교 설립 운동이 일어나 조선신학교와는 대립되는 추세로 나가다가 1939년 9월에 장로회총회에서 그들의 정치적 활동은 효과가 있어 조선신

36) 金良善, 韓國基督教解放什年史(大韓예수教長老會 宗教教育部, 1956), p. 191f. 선교사들이 강제로 귀국하게 된 것은 일제가 날조한 소위 萬國婦人會祈禱會事件에 선교사들이 관련했다는 이유를 들어서 추방하였다. 新義州地方法院檢事의 수사보고, p. 16.

37) Ibid. p. 192.

학교의 직영설립은 부결되고 새로운 평양신학교의 설립이 결정되었다. 오문환, 김선환 등의 계책으로 그해 11월 김석창을 교장으로 윤하영, 고려위, 김관식 등을 교수진으로 하는 새로운 평양신학교를 평양 선교리 同德學校 교사를 빌려서 개교하였다. 그러나 일제가 볼때는 金錫昌, 尹河英 목사들을 민족주의자로 지목하여 새로운 평양신학교가 무인가 개교했다는 이유로 탄압하기 시작하였다. 그래서 학교로서는 일본당국과 충돌을 피하기 위하여 채필근 목사를 교장으로 임명하고 당국으로부터 정직인가를 얻은 것이다.

한편 채필근 목사가 평양으로 가버린 후 조선신학교도 일본당국과 상당한 어려움을 갖게 됐다. 그래서 학교 당국은 그 해결책의 하나로 그해 4월 宋昌根, 金在俊, 尹仁駒와 같은 일본출신의 신학자들을 교수로 초빙한다. 김재준, 송창근의 신학교육에의 관여는 이때로부터 시작된다. 김재준 교수는 박형룡에 밀리어서 고전했으나 이제는 그의 때가 왔다고 생각하였다. 그는 신학교육을 평생의 염원으로 하였으니만큼 대망을 가지고 신학교육에 헌신하게 되었다. 이에 김재준은 신학교육의 규범을 발표했는데, 그것은 지금까지 지켜온 평양신학교의 전통과 교육이념을 전적으로 뒤집은 것으로서, 김재준은 이미 보수주의 신학사상과 대결할 결심을 굳혔다.[38] 결국 서울에서 이루어진 조선신학교와 새

---

38) Ibid. p. 193f.

로 발족한 평양신학교는 선교사와 보수신앙을 가진 자의 손에서 떠나 한인 자유주의 신학자들에게로 넘어간 것이다. 위의 양 신학교는 자유주의 사상을 가진 사람들에 의해서 지도됨으로 전통적인 평양신학교의 사상에 충격을 주었다. 그런데 金良善은 위의 두 신학교의 결과에 대해서 다음과 같은 평을 내리고 있다. 즉,

> "평양신학교[39]는 자유주의 신학으로 출발하여 일본 皇道精神에로 기울어졌다가 다시 공산주의에 이용되어 마침내 死滅되고 말았다. 朝鮮神學校는 자유주의 신학으로 출발하여 自由主義神學의 發展을 逐하고 마침내 자유주의 신학의 확립을 달성하였다. …… 평양신학교는 교회보다 자기의 名利를 앞세우는 宗敎 부로커와 敎權主義者에 의해서 운영되었음에 반해서 조선신학교는 神學敎育을 生의 目的으로 하는 金在俊 교수에 의해서 지도된 때문에 전자는 死滅되었고 후자는 계속되고 있음을 알아야 할 것"

이라고 했다.[40]

이른바 보수주의 신학의 대표라고 할 수 있는 朴亨龍과 朴允善이 해외에 망명하고 있는 동안, 자유주의 신학과 친일적인 교

---

39) 이때 평양신학교는 1941년에 세운 채필근이 교장으로 있었던 자유주의적인 신앙노선을 걷던 학교이므로 본래의 평양신학교와는 전혀 다르다.

40) *Ibid.* p. 196. 총회의기록에 의하면 조선신학교는 새로운 교수를 뽑기 위해서 옥호열, 권임함, 서고도, 박형룡, 김진홍, 심문태, 명신홍 등을 청빙하기로 했다. 남부총회록(1946. 6. 11~13)

역자들이 득세하면서 한국교회의 방향은 그들이 원하는대로 움직이려고 했다. 그러나 보수주의자들의 저항도 만만치 않았다. 해방이 되자 김재준은 기다렸다는 듯이 자유주의 사상을 숨김없이 발표하는가 보면 보수주의 신학자들과 목사들을 맹렬히 공격하게 된다. 그러면서 자유주의 신학의 선두주자요 프린스톤 신학교장인 죤 멕카이(John Mackay)박사와 신정통신학의 거목 에밀 뿌르너(Emil Brunner) 등을 초청하여 자유주의 신학운동의 틀을 다져갔다.

그런데 1947년 이른 봄 김재준의 자유주의 사상에 강한 불만을 가진 조선신학교 학생 51명은 그해 4월 18일 대궁서 열린 제33회 장로회 총회에 김재준의 교수 내용을 명시한 진정서를 제출하였다.[41] 학생들의 호소는 총회의 주의를 끌게 되었고 총회는 심사위원 8명을 선정하여 조사하게 하였다. 이 사건은 한국교회의 자유주의 신학과 보수주의 신학 사이에 큰 논쟁을 일으키게

---

41) 진정서의 일부를 인용하면 다음과 같다. 즉, "改革敎會는 聖經에 絕對權威를 두고 그뒤에 建設된 敎會입니다. 聖經은 天啓와 靈感으로 記錄되었다는 超自然的 聖經觀을 우리는 聖技합니다. 「新舊約聖經은 하나님의 말씀이니 信仰과 本分에 對하여 正確無誤한 唯一한 法則이니라」고 하는 信條위에 朝鮮長老會는 섰고 이 信條는 朝鮮敎會안에 永遠히 保守되어야할 우리들의 가장 純粹하고 福音的인 信仰告白입니다. … 이 聖經이 살아계신 하나님의 말씀으로서 권위를 잃을 때 우리 信仰은 根本的으로 파괴당하고 말 것입니다. 그러므로 우리는 먼저 「信仰은 保守的이나 神學은 自由」라는 朝鮮神學校의 敎育理念을 首肯할 수 없습니다. 合理主義神學을 排斥하는 것입니다.… 1947년 4월, 서울 조선신학교 정통을 사랑하는 학생일동" *Ibid.* p. 216.

된다. 바로 이때 박형룡 박사의 귀국이 이루어졌고 보수주의 신학의 재건운동이 시작된다.

해방전 한국장로교회의 신학적 지도자인 박형룡 박사는 부산의 고려신학교로부터 파송된 宋相錫 목사의 간청과 앞서 말한 조선신학교 51명의 간곡한 서한을 받고 1947년 9월 20일 귀국길에 올라 23일에 서울에 도착한다. 서울에서 약 1주일간 머물면서 한국교계의 실태를 직접 눈으로 볼 수 있었다. 그 어간에 옛 평양신학교 이사들 및 보수주의 신학교의 복구 재건을 열망하는 많은 교역자들로부터 옛날 평양신학교를 재건하자는 제안을 받았다. 그러나 그 제안을 선불리 수락하기에는 두 가지 문제가 있었다. 하나는 고려신학교가 송상석 목사를 파송해서 그토록 정성을 쏟은 것을 묵살할 수도 없고, 또한 평양신학교의 재건이 아직 구체적 단계가 아니므로 일단은 부산으로 내려가게 된다.[42] 부산에 내려간 박형룡은 신학교 운영문제가 여의치 않고 총회적 진출에 장애가 있음을 감지함으로써 서울에서 태동되고 있는 長老會神學校 설립운동에 깊은 관심을 갖게 된다.

그보다 박형룡에게 가장 자극제가 된것은 조선신학교에서 정통을 사랑하는 51인동지회 학생들의 역할이 크게 작용한 것이 사실이다. 그 당시 51인동지회의 회장격인 정규오 목사의 회고

42) *Ibid.* p. 228.

를 빌리면 다음과 같다. 즉

> "조선신학교에서 퇴학 6명, 자진 사퇴 학생을 합하여 60여명의 학생들은 노량진에서 일본인 주택이었던 빈집 1동을 빌려 비참한 생활을 하면서도 심령은 뜨거웠고 즐거웠다. 보수신학과 신앙을 파수한다는 긍지와 믿음으로서 날마다 기도와 신학연구를 힘쓰던 중 고려신학교에서 송상석 목사가 봉천으로 박 박사를 모시러 간다는 연락을 받고 정동에 있는 일본인 교회 지하실에서 송 목사와 51인 대표들이 은밀한 회합을 가졌으니 박 박사가 귀국하시면 고신과 우리와 합하여 서울에서 전국적인 신학교를 하자고 합의했고 기도와 정성을 다한 귀국 탄원서를 51인 명의로 드렸다. 천신만고의 항해끝에 하나님의 보호와 은혜로서 봉천에 도착한 송 목사는 박 박사님을 만나 드디어 그의 마음을 움직여 귀국을 결심했고 1947년 9. 20로 발하여 동 23일에 서울에 무사귀국하게 되었다. 귀국 소식을 듣고 여관에 달려간 51인 대표학생들에게 그는 말하기를 「학생들의 탄원서한이 없었던들 귀국의 결심이 나지 않았을런지 모르는데… 한국교회는 아직도 살았구나 생각할 때 귀국코자하는 마음이 물밀듯 일어났다」고 술회하였다."[43]

한편 서울에서는 이승로, 이재형, 이인식 등의 원로목사와 이환수, 황은규 목사 등 중진들은 조선신학교는 신학저으로 좌경되었으므로 기대할 수 없고 또한 부산에 세워진 고려신학교는 전국

---

43) 정규오, *Op. cit.* p. 73.

교회를 포용할 수 있는 능력이 없고 총회적인 名實相符한 신학교가 서울에 있어야 한다고 생각하고 평양신학교를 중건해야 한다는데 의견의 일치를 본 것이다.[44] 이와 때를 같이 하여 1948년 이른 봄 고려신학교가 독자노선을 표명하자 이에 자극받은 총회의 지도자들은 장로회신학교의 즉시 개교를 적극적으로 추진하게 되었다. 그래서 3월 15일 대전 제일교회에 신학교 문제를 위한 전국적인 회의를 소집하게 되었다. 이 회의는 개인자격으로 참가하는 것이었으나 문제가 중요한것인만큼 전국에서 다수의 유력한 지도급 목사와 선교사들이 참석했다. 그래서 신학교 대책회의가 구성된 것이다. 그런데 동 대책위원회는 제1차적으로 현재까지는 총회 직영으로 되어 있는 조선신학교 개혁안을 작성하여 4월에 회집되는 총회에 제출하고 만일 이 개혁안이 통과되지 못할때는 장로회신학교를 설립하기로 가결했다. 조선신학교의 개혁안은 이렇다.

> "조신신학교는 별첨부한 바와 같이 신학사상 그 구성체에 있어서 중대한 결함이 有함으로 此를 개혁하여 조선예수교 장로회 총회직영 신학교로 명실공히 출발케 할 것이다. 此개혁을 위하여 특별위원 15명을 선출하여 총회 후 2주일 이내에 개혁을 단행케 할 것과 이제까지의 현 신학교 이사급 교수는 일단 총사직케 할 것이다. 제1총회에서 제출할 개혁안에 순응

44) *Ibid.*

하지 않을시에는 특별위원으로 하며 조선신학교는 취소하고 새로운 신학교를 5월 15일까지 신설 운영케 할 것이다."[45]

라고 했다. 그러나 분규 속에서 결정된 개혁안은 조선신학교의 적극 반대로 말미암아 좌절되었다. 1948년 4월 20일 제34회 총회가 서울 새문안 교회에서 모였고 李自益 목사가 총회장으로 당선되었다. 총회의 최대의 중요안건인 조선신학교 개혁안이 상정되었으나 조신측의 지지파의 폭언과 조신 동문들의 난동은 끝내 개혁안의 결의를 볼수가 없었다. 그 절충안으로서 김재준 교수의 1년간 유학, 박형룡, 명신홍, 김진홍, 심문태, 서고도, 노라복, 위

---

45) *Ibid.* p. 75. 그리고 이사회의 구성건을 보면 다음과 같다.
① 총회에서 이사 7인을 선정 파송할 것.
② 각 선교회에서 1인씩 이사 4인을 파송할 것.
③ 학교측 이사 1인, 설립자측 이사 1인.
④ 이사장은 총회장이 취임할 것.
⑤ 무보수 상임이사를 설치하여 학교운영을 적극 추진할 것(총회측 1인 학교측 1인, 선교회측 1인, 설립자측 1인).
⑥ 상임이사회는 월 1차 정기월례회를 開하고 학교운영을 검토하고 企圖할 것.
⑦ 교수는 상임이사회에 추천에 의하여 전체 이사회의 결정과 총회의 인준을 득한 후 채용할 것.
교수 자격심사
① 현 교수급 강사는 신앙고백서와 총회에서 제시한 문제에 의한 신학 논문을 제출하여 심사후 인정할 것.
② 교장은 이사회의 추천으로써 총회의 인준을 득한 후에 취임할 것.
③ 교직원은 장로교교인에 한하되 신앙생활에 일정년수(15년)를 경과한 자로 할 것 등이다.

인사 등으로 교수보강을 결의했으나[46] 조신의 필사적인 반대로 결의는 백지화 되고 만다. 이에 神學問題對策委員會는 그해 5월 20일 倉洞敎會에 모여 長老神學學校의 개교를 결정한 후 곧 이사회의 조직을 보았다. 이사장에 이승로 목사, 교장에 박형룡 박사를 결의하고 취임케 하였다. 박형룡 박사는 고려신학교 회장을 사임하고 51인 학생이 주축이 되어 그해 6월 남산공원 조선신궁 터전 성도교회당을 임시교사로 정하고 개교를 보게 되었다. 당시 학생수는 60여명이었다. 金良善 교수는 장로회신학교의 설립의 의의에 대하여 다음과 같이 말했다.[47]

> "一九四八年六月 新設된 長老會神學校는 前 平壤神學校의 再生을 意味하는 것이었으므로 敎會의 同情은 勿論 宣敎師들의 기쁨도 컸던 것이다. 同校의 再建으로 말미암아 保守主義神學의 固守運動은 本格化되었으며, 이로써 自由主義神學은 그 旣成地盤의 根本的인 動搖를 보게 되었다."

라고 했다. 물론 보수주의 신학운동의 구심점은 박형룡을 중심한 것이었으며, 박형룡의 존재는 구 평양신학교를 재건하는데 결정적 역할을 하게된다. 박형룡의 김재준에 대한 반격이 없었다면 오늘의 한국교회는 거의 자유주의화 할뻔하였다. 1938년 일제의

46) 조선 예수교장로회 총회 34회 회의록 촬요, p.24.
47) 조선 예수교장로회 총회 34회 회의록 촬요, p. 24.

강압에 의해서 폐쇄되었던 구 평양신학교는 10년만에 박형룡에 의해서 맥이 이어지고 다시 살아나게 된 것이다. 우리는 위에서 장로회신학교가 탄생하기까지의 주변을 길게 논하였으나 중요한 것은 대한예수교 장로회의 신학의 맥은 박형룡으로 이어졌고 그에 의해서 장로회신학교가 시작되었다는 것을 지적했을 뿐이다. 박형룡과 김재준과의 신학적 논쟁은 별도로 취급되어야 하리라고 본다.

D. 朴亨龍과 總神

박형룡과 김재준의 신학논쟁은 한국논쟁사의 한페이지를 장식했다.[48)]

한국교회는 1920, 30년대에 이미 몇차례의 자유주의와 보수주의의 마찰이 있었으나 보수정통주의 신학의 절대적인 우세로 곧 수습이 되었을 뿐 아니라, 그후 일제 말기에는 기독교회의 존

48) 孫世一編, 韓國論爭史, 歷史, 哲學, 宗敎篇(靑藍文化社, 1976), pp. 202~248. 이 책에서 박형룡과 김재준에 대한 문건을 10개를 수집했는데 ① 敎理와 信仰-正統에의 陶醉-金在俊, ② 陳情書, 朝鮮神學校學生 51명 ③ 陳術書, 金在俊, ④ 陳述書에 대한 批判-朴亨龍, ⑤ 便紙에 대신하여-金在俊, ⑥ 聲明書, 大韓예수교長老會 護憲全國總會, ⑦ 全國長老敎會에 告함, 朴炳勳, ⑧ 宣言書, 大韓예수교長老會 法統三八總會, ⑨ 聲明書(1), 大韓예수교장로회 총회, ⑩ 聲明書(2), 大韓예수교장로회총회 등이다. 이 문건은 金良善과 정규오의 전술한 책에도 게제되어 있다.

립 자체가 위협받던 상황이었기에 신학논쟁은 표면화 되지는 못했다. 그러나 해방과 더불어 자유주의 신학을 대변해온 조선신학교의 김재준 목사는 「새사람」「十字軍」등의 지상을 통해서 보수주의 신학을 「正統的 異端」이라고 공격하는 등 자신의 자유주의 신학노선을 표방하고 나섰다. 이같은 김재준의 발언은, 구 평양신학교의 교수이며 정통신학의 대변자였던 박형룡과의 논쟁을 불러 일으켰고 이 논쟁을 중심해서 신학교문제가 부각됨으로 더욱 격론을 벌이게 되었다. 당시 교계는 교권주의자와 출옥성도, 또는 월남한 이북노회 등의 갈등이 시작될 무렵이었으므로, 이 신학적 논쟁은 더욱 뜨거워지게 된 것이다. 자유주의 신학과 보수주의 신학 사이의 마찰이 표면화된 것은 앞장에서 말한바와 같이 1947년 4월 33회 장로회총회 때 조선신학교 51명의 학생이 진정서를 제출하면서 부터이다. 김재준의 비판적 성경연구방법을 비난한 이 진정서를 발단으로 김씨의 진술서와 성명서, 이에 대한 박형룡의 비판, 다시 이를 반박한 김씨의 〈편지에 대신하여〉가 차례로 발표되었다. 그후 조선신학교의 총회직영이 취소되고 구 평양신학교가 복구되어 서울에 장로회신학교가 세워지게 된 것이다.[49)]

그러나 총회의 장로회신학교 직영결정은 곧 보수주의 신학사

---

49) *Ibid.* p. 203.

상의 승리를 의미하는 것이었고, 장로회총회는 보수주의 신학에 의해서 지도되고 있음을 의미하는 것이었다. 그러니 총회로서는 두 신학교를 직영할 이유가 없다고 판단하고 도리어 양 신학교의 합동안을 내어놓았다. 총회는 남궁 혁, 이대영, 배은희, 이창규 등 한인 원로 목사와 안두화, 인톤 등 원로 선교사로 합동위원회를 구성 다음과 같은 원칙을 발표하였다.[50)]

① 양교는 무조건으로 합동하고 중요과목은 주로 선교사가 맡고 나머지는 한인 교수가 맡을 것

② 양 신학교의 기존 교수진은 백지로 돌아가고 합동된 신학교의 교장과 교수는 양교 합동이사회에서 선택할 것 등이었다. 합동 위원회는 1949년 6. 28일 양교 이사회를 소집하고 상기방안을 제시하니 양 이사회가 원칙적으로 동의하였다. 다시 합동위원들은 다시 7원칙을 작성하여 이사회에 제시하였다. 그 내용은 다음과 같다.

① 신학교육은 순복음주의에 기초하고 대한예수교장로회 신조를 준수할 것.

---

50) 정규오, *Op. cit.* p. 77. 또한 김양선, op, cit. p. 245. 이때 한경직 목사는 제안하기를 이제 두 신학교가 모두 직영이 되었으니 합동하는 방법을 모색하기 위하여 두 신학교 합동위원을 내자고 재의하고 총회의 결의로서 7인위원을 선정했다고 한다. 특히 長老會神學大學七O年史(長老會神學大學, 1971), p. 131.

② 양신학교 직원은 총퇴진 할 것.

③ 이사회는 총회에서 승인한 양교 이사회로 조직하고 회의의 결정은 출석원의 4분의 3 가결로 할 것.

④ 교장과 교수는 이사회에서 선정하되 교장은 한인 원로목사 중에서 교수는 북장로교 선교회에서 3인, 남장로교 선교회에서 2인, 카나다, 호주선교회에서 각 1인씩 선출하여 중요한 과목은 그들에게 맡기고 기타 과목은 한인목사 중에서 직제를 택하여 이를 맡길 것.

⑤ 교명과 교칙은 이사회에서 결정할 것.

⑥ 양교의 학생은 교칙에 의하여 재편성 할 것.

⑦ 양교의 재산 급 비품은 무조건 제공할 것 등이었다.[51)]

그런데 이와 같은 통고는 조선신학교와 장로회신학교로부터 각각 다른 반응이 나와서 결실을 보지 못하고 실패하였다. 특히 장로회신학교 측에서는 모세 5경의 저작을 부인하는 사람은 교수로 채용하지 말것과 자유주의 신학자 김재준은 당연히 교수진에서 제외되어야 할것을 주장하였다. 1950년 4월 21일 대구 제일교회에서 제36회 총회가 총회장 권연호에 의해서 열렸다. 총회의 가장 중요한 안건은 신학교 문제로서 보수인 장신측과 진보

---

51) *Ibid.* p. 78.

파인 조신측의 대립으로 날카롭게 대립되었다. 개회벽두부터 회원권 문제로 격론이 계속되는 중 조선신학교측의 강원룡 학생을 중심으로 하는 동창생들과 총대들의 폭력과 난투로 수라장이 되었고 무장경찰의 출동까지 당하게 되었으니 한국 교회사에 씻을 수 없는 부끄러운 오점을 남긴셈이다.[52] 마치 이러한 교회의 아픔과 문제에 대한 하나님의 진노인듯 1950년 6월 25일 민족적 수난과 비극은 말로 형언할 수 없었다. 1950년 9월 1일에 속회를 하지 못하고 1951년 5월 25일에 제36회 총회가 부산중앙교회에서 회집되었다. 신학교특별위원회는 6·25동란의 불가항력적인 천재지변으로 인하여 신학교 문제가 지난번 총회의 결의대로 실행할 수 없음을 보고하고 각 노회의 수의는 거치지말고 조선신학교와 장로회신학교의 총회직영을 각각 취소하고 총회신학교를 새롭게 만들자는 제안이었다. 총회신학교는 대구에서 개교하고 교장은 감부열(A. Campbell), 교수로는 박형룡, 한경직, 권세열, 명신홍, 김치선 등이었다.[53]

---

52) *Ibid.* p. 79.

53) 당시 교수투표 결과는 다음과 같았다. 인톤 목사 만장일치, 조하파 목사 만장일치, 박형룡 목사가 15, 부 2, 계일승 목사, 가 16, 부 1, 권세열 목사 만장일치, 한경직 목사, 가 13, 부 4, 김치선 목사, 가 16, 부 1, 명신홍 목사, 가 15, 부 2였다. 長老會神學大學七O年史, *Op. cit.* p. 135. 당시로는 총회신학교를 만들지 않으면 안될 이유중의 하나는 스미트박사에 전남노회장의 공개편지에 보면 "두 계통의 신학교가 있어서 노회와 총회까지 대립되어 있습니다. 그러므로 총회는 합법적인 통일 신학교를 세웠습니다. 오직 이 신학

대한예수교장로회는 조선신학교측의 맹렬한 반대에도 불구하고 53:3으로 가결하고 1951년 9월 18일 대구에서 개교하였다. 그래서 장로회신학교는 4년만에 4회 졸업생을 배출한 뒤 발전적으로 총회신학교로 개칭되었다.

결국 형식과 제도와 학교 명칭만 바뀌었을 뿐이고 장신의 전부는 총신에 흡수되었다. 조선신학교는 총회의 명령에 불복하고 대학령에 의한 신학대학으로 개편하고 韓國神學大學이란 이름으로 새출발하였다. 그리고 이 여파로 金在俊 목사는 제명되었고 이른바 基長이 출생하게 되었다. 한편 총회신학교는 총회의 직영이니만큼 신속히 정비하여 학제는 예과, 본과 별과로 나누었으

교를 인하여 한국교회는 한국교회는 통일 될것입니다.…"를 보면 당시 상황을 이해할 수 있다. 조선예수교장로회 제35회 회의록(1949), p. 64. 총회신학교를 세워야 겠다는 청원서는 총회 앞으로 여럿이 건의되었다. 예컨대, 1949. 3. 15일 충북노회장 김영로 목사는 "박형룡 박사의 경영하는 신학교를 총회 관리하에 두어주기를 건의하나이다." 또 경남노회장 이약신 목사는 "경남노회 제51회 결의에 의하여 장로회 신학교를 총회에서 승인하여 주시기를 이에 청원하나이다" 순천노회장 김순배 목사는 "장로회 신학교는 우리 총회내 각 교회에서 신앙하는 정통신앙에 처하여 교지자를 양성하는 기관이므로 해 신학교를 우리 총회의 직영 신학교로 승인함이 좋은줄로 인정하고자에 건의함"이라고 했다. 그리고 군산 노회장 이상귀 목사는 "수제사건에 관하여 현하 교역자 양성이 시급하므로 서울 장로회 신학교를 조선예수교장로회 총회직영 신학교로 허락하여 주시기를 청원하나이다…"고 했다. 또 경북노회장 최재화 목사는 "조선, 장로회 양신학교를 합동케 할 것, 만약 불연시는 총회직영으로 경북로회가 장로회 신학교의 설립자가 되고 위치를 대구로 하여 주시기를 바라나이다"라고 했다.(조선예수교장로회 제35회 회의록, pp. 87, 88, 89.) 그러므로 총회신학교의 설립의 의지는 전국적이었다.

며, 예과는 2년으로 하되 고등학교 졸업자로 하고, 본과는 3년으로 하되 대학졸업자나 예과졸업자로 하였다. 그리고 별과도 3개년으로 하되 고등학교 졸업정도로 하였다.

1952년 4월 29일에 권세열(Dr. Kinsler)목사가 학감 및 교수로 취임함과 동시에 감부열 목사가 안식년으로 귀국중이어서 교장대리까지 행하게 되었다. 1953년 8월 6일에 감부열 목사가 교장사임을 청원했다. 부산 광복동교회에ㅓ 모였던 이사회는 박형룡 박사를 교장으로 추대하였다. 박형룡 박사는 1953년 9월 2일 총신의 교장으로 취임식을 가졌으니 한국보수신학의 맥을 잇는 주역으로 전면에 나선셈이다.

Ⅳ. 朴亨龍과 總神의 神學敎育 目標

1953년 9월 7일자 기독공보는 「朴亨龍 박사 總神교장」 특집을 내고 있다. 전란으로 찌들은 교회였지만 선교 70년 역사에 최초로 한국인 목사가 신학교 교장으로 취임하는 것이 그렇게도 자랑스러울수가 없었다. 11월 첫주일을 신학교주일로 지키기로 가결함과 동시에 10월부터는 학교를 대구에서 서울로 옮기게 될

54) 韓國基督公報, 1953. 9. 7. 1면.

것을 공고하였다. 이 기독공보에서 특히 눈길을 끄는 것은 「祝朴亨龍 博士 總神學校長 就任」이라는 사설이다.[54] 이 사설의 논점은 박형룡은 신학교 한인 제1대 교장이라는 의의와 축하를 주고 있다. 총회장 권연호 목사가 총신설립에 결정적으로 일했으며 기독공보의 고문인 박형룡 박사가 교장으로 된 것을 축하했다. 總神의 한인 제1대 교장으로서의 박형룡의 취임은 너무나도 당연한 귀결이며 한국교회의 바램이란 사설을 이렇게 기술하였다.

> "前平壤神學校長 羅富悅 博士에게 傳하노라」고 부탁한 遺言에 合應한 것이오, 故 蔡廷敏 牧師 臨終에 「朴 博士! 우리교회를 하나님의 말씀대로 保守하여 주시오」한 遺言에 服應하는 것이니…"[55]

라고 하였다. 즉 박형룡의 교장취임은 하나님의 뜻을 따라 전국교회의 희망에 따라 신학을 이끌어갈 지도자로 세워진 것이다. 그때 그의 나이 56세였다. 박형룡이 귀국하여 고려신학교, 장로회신학교, 총회신학교를 거치면서 그는 신학연구를 게을리하지 않았고, 그의 주장은 언제라도 개혁주의 보수신학을 지키려는 일념뿐이었다. 박형룡은 「神學正論」의 속간호에서 이렇게 주장하고 있다.

---

55) *Ibid*.

"바른 말은 살아 있다. 그리스도, 使徒, 先知의 바른말 그대로, 福音眞理를 우리땅에 傳하려고 1948년 長老會神學校가 서울 남산에 이러났고 習年 正月 本誌가 同校의 機關紙로 創刊되었다…"라고 술회하였다.[56)]

또 총신이 출범하고 이어서 「總神學報」가 창간되었는데 그때도 박형룡은 "近世神學의 保守的 態勢"란 제목으로 글을 썼다. 여기에서도 역시 박형룡의 철저한 보수주의 신학을 사수하려는 모습을 보게 된다.[57)]

---

56) 朴亨龍 博士 主幹, 神學正論, 第三券 第一號 續刊號(1953. 1), p.1. 이 호에는 박형룡의 변증학 논문인 "人生의 要求와 基督敎"가 있다. 이 속간호는 또한 神學正論의 마지막 호가 되어버린다. 1954년에 平壤神學校에서 출판되던 神學指南을 속간하게 되었다. 박형룡의 신학적 활동은 1949년에 "神學의 必要" "바울의 大頌榮" " 先知學校의 重建" "正統과 新正統" "聖靈과 聖經" 등을 神學正論에 발표하여 그의 학문적 노력을 입증했다.

57) 總神學報, 創刊號(長老會 總神神學校學友會, 1951), p.5. 당시의 총회장 權連鎬 목사는 "우리 大韓예수교 長老會總會의 神學校는 바울, 어거스틴, 칼빈의 神學正路를 繼承하여 온다…"했고 p. 1. 校長 감부열 목사는 "大韓예수교 長老會 總會神學校의 目的은 現世의 그 許多한 소리의 혼란 속에서 그리스도의 말씀을 傳하려고 하는 男女를 養成하는데 있다. 本校는 그런고로 그리스도의 말씀과 그리스도의 思想과 또한 그리스도의 참길을 學生들에게 가르칠 것이다. p. 3. 또 金尙權 목사는 「現敎界時事評論」에서 "해방후 교계를 혼란케 한 사실로는 ① 親日파의 急速한 변장과, ② 新神學的 努力의 急速扶植, ③ 독선주의로 교회를 분열케함과 ④ 各種神學校의 난립과 일제시대부터 목사장립을 함부로 시킨것. ⑤ 전쟁으로 인해서 제반기능의 상실 등"을 열거했다. p. 35.

A. 朴亨龍의 總神校長 就任 메시지

앞서 말한대로 박형룡의 총신교장 취임은 성대했으며 기독공보는 "韓國敎會 初有의 大式典에 神學的 自我意識表明"이란 제목을 뽑았다.[58]

박형룡의 교장취임 메시지 가운데는 총신을 이끌고갈 방향을 제시하여준다. 우선 그의 취임연설의 큰 제목은「韓國敎會 神學樹立의 基礎確立」이었다.[59] 그리고 여기서 중요하게 취급된 내용은 "制度와 敎育의 發達은 神學的 自我意識의 發達을 意味"한다고 주자아면서 "神學敎育의 歷史的 考察" "韓國的 神學敎育의 足跡"을 살피고, "總會神學校 敎育의 目標는 韓國敎會 神學思想의 確立"이어야 하며, "神學校 經營에 外援依存不可 全國敎會는 義務를 履行하라"고 촉구한 것이 요지가 된다. 그리고 박형룡은 신학교육의 역사적 발전과정과 특히 한국 교회에 있어서 평양신학교에서부터 총신에 이르기까지 역사적 흐름을 정리한 뒤 그가 총신의 교장으로서 몇가지 포부를 밝히고 있다.

첫째로, 박형룡은 학생들에게 명료한 신학적 자아의식을 가지도록 학문적으로 교육하도록 천명했다. 오늘의 비도덕적인 신학운동에 대하여 사도적 전통의 바른 신앙의 전통에 굳게 설 것을

---

58) 韓國基督公報, *op, cit.*

59) *Ibid.* p. 2.

역설하였다. 현대의 모든 학설들을섭렵하되 시비판단을 명확히 해서 정확한 결론을 내릴 것을 주장했다. 그리고 70년 동안 이땅에 사도적 신앙으로 내려온 것을 굳게 잡을 것을 호소했다.

둘째로, 박형룡의 주장은 총신의 신학교육은 영적이고 도덕적인 교육에 치중해야 할 것을 천명하였다. 우리의 신학교육은 단순히 교리나 신조만을 암기하는 것이 아니라 경건한 삶이 동시에 있어야 할 것을 역설했다. 총신은 학문의 전당일뿐 아니라 수도원적인 분위기를 갖게 되어야 한다는 것이다.

세째로, 박형룡은 총신이 지향하는 신학교육의 방침으로서, 명확한 신학적 자아의식을 나타내려면 전도와 목회에 대한 열정이 있도록 해야 한다는 것이다. 총신은 목회에 있어서 유능한 지도자를 배출해야 하는데 학력을 너무 중요시한 나머지 실천력이 없는 무능한 사람이 신학교에 입학하는 것을 문제 삼았다. 신학을 졸업한 후에 전도자 또 목회자가 될 수 없다면 우리의 신학교육은 아무런 의미가 없다고 하였다.

그의 다섯가지 이상목표는 너는 학자가 되라, 너는 신자가 되라, 너는 성자가 되라, 너는 전도자가 되라, 너는 목자가 되라는 것이었다.

네째로, 박형룡이 말하는 총신의 교육목표는 이렇다. 신학교육은 평화와 봉사의 정신을 함양하기에 노력해야 한다는 것이다. 우리는 진리가 매몰될 때는 침묵해서는 안되지만 교회의 안녕과 평화에 손상을 주지 않기 위해서 최대한 노력해야 한다는 것이다. 진리를 포기하면서 까지 타협해서는 안되지만, 자기 자신의 이익을 포기하고 교회의 평화와 통일을 위해서 힘써야 할 것을 말했다. 그러기 위해서 예수님의 무저항주의를 본받아야한다고 역설했다. 그 외에도, 장차 대학원교육을 서두를 것, 외국에 많은 실력있는 학생들을 파송할 것, 자립교회를 주장하고 외국원조에 의지하는 비열한 교회가 되지말기를 호소하였다.[60)]

위에서 살핀대로 박형룡은 우리역사의 첫번째 한인 신학교교장으로 우리의 아픔과 우리의 바탕 속에서 우리의 신학교육이 어떠해야 할 것을 내외에 천명한 셈이다.

B. 朴亨龍과 總神의 敎訓

總神의 교훈인 "신자가 되라" 학자가 되라" "성자가 되라" "전도자가 되라" "목자가 되라"는 말은 1948년 6월 9일 당시 평양신학교의 후신으로 세워진 장로회신학교의 특별기도회 때 설교한 내용에서 비롯된다.[61)]

이 설교는 우선 구 평양신학교의 후신으로 세워진 장로회 신학교가 지금까지 걸어온 가시밭길 같은 역사를 더듬고 있다. 박

60) *Ibid.*
61) *Ibid.*

형룡은 회고하기를,

"오늘날 우리의 長老會 神學校는 다 부서진 廢墟에서 重建의 工事에 着手되고 있다. 우리 大韓예수교長老會는 初代半世紀餘에 唯一神學校 純福音主義 正統神學을 가르치는 唯一神學校의 神學的 指導를 받아 하나님의 恩惠를 特別히 받고 크게 旺盛하였던 것이다.… 하나님의 廣大한 福音眞理를 島國 日本의 偶像崇拜, 神話傳說에 妥協시키지 않고는 배길 수 없이 되었으므로 容所를 얻지 못하여 廢門된 것이었다. 그후 하나님의 廣大한 福音眞理를 일본의 偶像崇拜와 妥協시키는 神學機關들이 나타났으나 그 기관들은 先知者 무리를 容納하기에 너무 狹小하여 그들에게 큰 苦痛을 주었다.……우리 正統神學校는 本來 以北에 있었으나 지금 以南에서 그 中에도 우리나라의 中央에 峻坐하여 全國 基督敎徒의 血祭를 要求하던 日本鬼神의 神黨 무너진 자리에 重建된다. 이 얼마나 痛快하고 感謝할 일이랴!…自由主義 神神學을 決코 容納할 수 없고 偶像崇拜와 妥協을 決코 容納할 수 없어 閉門하였던 그 神學校의 重建이다. 내가 解放以後 滿洲 東北神學校에서나 釜山 高麗神學校에서나 이번 本校開校時에나 入學生들에게 엄숙히 質問한 것은 過去 神社參拜한 罪를 悔改하느냐 함이었고, 自由主義 新神學의 感染을 받은 人物을 警戒하기에 極히 主義한 것은 이때문이다. 이 두 가지 過誤를 悔改 또는 警戒하고 옛날의 우리 正統神學으로 돌아가는 것을 韓國敎會 復活의 第一基礎며 根本方針이다.…"62)

---

62) *Ibid.* pp. 81~83.

라고 했다. 그는 이땅에 신학교육의 방향과 의미를 정통신학의 회복에 두었다. 그의 교훈도 바로 이런 배경 속에서 이해되어져야 하겠다.

우선 우리가 지금 아는대로 "信者가 되라"는 것은 총신 취임 때 또는 장신 3년동안에 바꾸었던 것으로 보는데 이때는 "經營者가 되라"고 되어있다.[63] 그 이유는 이렇다. 학교가 초창기였으므로 적극적이고 능동적으로 일할 사라이 필요하다는 것이다. 재정적인 압박을 해결하는 일, 교수를 초빙하는 일, 학교건축을 하는데 있어서 학생 모두가 주인의식을 가지고 경영자적인 소신을 가지고 일해달라는 뜻이었다. 이 교훈은 후일에 총신의 교장 취임 때는 신자가 되라는 말로 수정하였다. 즉 교회의 지도자가 되기 전에 먼저 하나님 앞에 깨끗하고 진실한 신자가 될것을 요구했던 것이다.

둘째로 "學者가 되라"는 교훈에 대해서 생각해 보자. 박형룡의 뜻하는 바는 학생이 신학연구에 전력을 다 바쳐서 교문을 나서는 날에 반드시 성경과 신학을 바로 아는 학자가 되어가지고 나가야 할 것을 강조하는 말이다.[64] 철저한 신학적인 확립 없이 또한 신학적인 연구의 태도 없이 교회에 나간다면 공허하게 될 뿐 아니라 교계에서 천대를 받게 될 것이라는 것이다. 그러므로 신학생

---

63) *Ibid.* p. 84.

64) *Ibid.*

으로서의 태도는 언제나 학문에 진력할 수 있는 사람이 되어야 한다는 것이다.

세째로 "聖子가 되라"는 교훈을 생각해 보자. 박형룡은 이것을 딤전 4:12에서 생각한 내용임을 밝혔다. 즉 "오직 말과 행실과 사랑과 믿음과 정절에 대하여 믿는 자에게 본이 되라"는 바울의 교훈을 근거한다. 신학교는 聖子를 배출시킨다는 신념을 가져야 하며, 그러할 때만이 신학교가 굳건한 반석에 기초를 닦게 될 것이라는 것이다. 또 이러한 聖子형의 목회자가 배출될 때 신학교의 중건도 옳게 이루어진다는 취지에 이런 교훈을 하게 된 것이다.[65]

네째로 "傳道者가 되라"는 말씀을 생각 해보자. 박형룡이 이런 교훈을 준 것은 가난한 영혼을 불쌍히 여겨 복음을 전하되 때를 얻든지 못얻든지 증거자의 사명을 감당해야 한다는 것이다. 즉 가는 곳곳마다 새로 믿는 자를 얻으며, 새 교회를 세우고 하나님께 영광을 돌리는 가슴이 뜨거운 전도자가 되라는 의미이다. 그는 이 대목에서 이렇게 말하고 있다.

> "또 모든 學識을 總動員하여 모든 技術을 總動員하여 雄辯的 講道人이 되라. 山上과 海上에서 雄辯을 練習하라. 勿論 聖神의 불의 重要性을 認定하면서 그리할 것이다. 그리하여 우리

---

65) *Ibid.*

> 神學校는 重要한 한 材木의 供給을 또 얻을 것이다."[66]

라고 했다. 박형룡이 전도인을 말하면서 산에서나 바다에서나 웅변을 연습하라는 말은 그 자신의 경험에서 비롯된 말일 것이다.

다섯째로 "牧者가 되라"는 말을 생각해보자. 박형룡의 이 교훈은 요한복음 10:2에 "나는 선한 목자라. 선한 목자는 양을 위하여 목숨을 버리 나니라"한 말씀에서 나온 것이라. 그래서 그는 말하기를

> "諸君은 하나님의 羊 무리를 爲하여 犧牲하는 善한 牧者가 될 준비를 하여 가지그 나가라. 삯군이 되지 말고 牧者가 되면 하나님의 羊무리는 諸君을 따를 것이요 우리 神學校 重建의 工事大進할 것이다."[67]

라고 했다. 그런데 박형룡의 이런 교훈들은 모두가 구 평양신학의 전통적 신학과 신앙을 재건하고 신학교를 다시 짓는 것으로 귀결되고 있다는 사실이다. 어쨌든 이때 그의 설교의 대지가 總神의 敎訓이 되어 40년간을 지켜왔던 것이 사실이고, 이러한 건학이념에 충실해야 되리라고 본다.

---

66) *Ibid.* p. 85.

67) *Ibid.*

V. 朴亨龍과 反에큐메니칼 운동

본란에서는 1960년대를 전후해서 박형룡의 총신교장에서의 퇴진 그리고 에큐메니칼 운동으로 말미암은 총회의 분열, 그리고 여기에 연쇄반응을 일으킨 總神에서 長神의 분열 등을 생각하고자 한다. 역사는 보는 시각에 따라서 차이가 있듯이 한국교회의 사건들도 어떤 시각에서 바라보는가에 따라서 서로 다른 결론을 얻게될 것이다. 박형룡의 퇴임과 학교의 분열, 총신의 재 정립과 박형룡의 재등장과 오늘의 총신이 있기까지 기초를 다지는 사건들이 에큐메니칼 논쟁과 맞물려 돌아갔기에 이것을 같은 항목에서 다루어 보려고 한다.

A. 朴亨龍의 퇴진과 에큐메니칼 운동

長老會神學校七○年史에는 다음과 같은 기록이 있다.

> "박형룡 박사를 맹목적으로 지지하는 이들은 에큐메니칼 운동은 용공이요, 신신학이요, 단일교회를 지향하는 이들이니 박 박사가 신학교 교장으로 있어야 보수신앙이 살지, 만일 박 박사가 물러가면 한국 교회는 신신학이 된다는 것이다. 사실이 그러하면 그분이 세상을 떠난 후에는 어떻게 될 것인가?"[68]

---

68) 長老會神學大學七O年史, *Op. cit.* p. 146.

라고 반문한다. 입장이 다른만큼 접근 방법도 다른 것이 사실이다. 문장의 흐름을 보아서 적어서 역사적 기록방법은 아닌듯하다. 그러나 한가지 확실한 것은 박형룡의 퇴임과 에큐메니칼 분규와는 맞물려 있었다는 사실도 위의 글에서도 엿볼 수가 있다.

사실 한국교회는 해방이후에 이른바 조선 신학교와 김재준 목사를 중심으로 일어난 자유주의 신학논쟁으로 인해서 7~8년동안 격렬한 논쟁을 벌이다가 1953년 일부가 분리되어 기독교장로회가 설립됐다. 그리고 또 하나는 일제 때 신사참배를 반대하다가 옥고의 수난을 겪은 출옥성도들과 참배파들 사이의 부조화로 말미암아 1951년 부산을 중심하여 약 500교회가 총회를 조직하니 고려신학교를 중심한 고려파 총회가 탄생하게 된다.[69] 이와같이 해방과 6·25를 거치는 전란에서 3분 5열로 갈라진 한국 장로교회는 겨우 상처가 서서히 아물려고 하였다. 사람들은 교회가 서로 갈라지긴 했으나 이제부터 평온을 되찾고 발전할 것을 기대 했으나 몇년이 못가서 한국교회는 또 다른 격렬한 논쟁과 분쟁의 소용돌이로 빠지게 되었다. 이것이 소위 에큐메니칼(Ecumenical)운동이었다.[70]

---

69) 정규오, *Op. cit.* p. 155.

70) 대한예수교 장로회는 1948년 화란 암스텔담(Amsterdam)에서 W.C.C.가 모일 때 김관식 목사가 옵저버로 참석하고 돌아와서 보고할 때 정식가입을 요청함으로 국제사정에 어두웠던 총회는 쉽게 가입을 했다. 1954년에는 미국의 에반스톤(Evanston)에서 W.C.C가 모였을 때 김현정, 명신홍 목사 2인을 정식 대표로하여 참석하고 돌아왔다.

본란에서 당시 에큐메니칼 운동으로 말미암은 교회의 상처의 내용을 밝힐 필요는 없으나, 장로교회에서는 에큐메니칼 운동을 지지하는 사람들과 에큐메니칼 운동을 반대하는 사람들이 있었다. 에큐메니칼 운동에 대한 찬반이론은 마침내 1956년 9월 제41회 총회(회장, 이대영)에서는 에큐메니칼 운동에 대한 연구위원회를 발족시킨다. 위원 중에 에큐메니칼 운동의 지지자들은 한경직[71), 전필순, 유호준, 안광국 목사 등이었고 반대자로는 박형룡, 박병훈, 황은균, 정규오 목사 등 이었다. 이 두 그룹의 논쟁은 끝날줄 몰랐고 많은 성명전과 공방전이 잇달아나와서, 결국은 감정대립, 지방대립, 교리대립 등으로 번져 1959년 9. 24일 대전중앙교회에서 개최된 총회는 회원권 문제로 논쟁, 소란 등으로 정회되고 1959. 11. 24일까지 정회를 선포했다. 그후 세칭 승동측(합동측), 연동측(통합측)으로 갈라지는 비운을 맛보았다. 물론 에큐메니칼을 지지하는 통합측은 모든 선교부의 선교사들과 선교사들이 경영하는 기관, 학교, 병원 등과 관련된 한국인 목사, 장로, 그리고 국제관계에 얽힌 모든 사람들이 주축이 되었고 합동측은 박

71) 찬성자인 한경직 목사는 총회석상에서 찬성발언을 하는 중에 이 에큐메니칼 운동은 반대자들이 주장하는 신신학, 단일교회, 용공사사이 없다고 극력변호 했으며, 예를 들면서 마치 에큐메니칼이란 6·25동란때 인민군들에게 쫓겨서 산중 동굴 속ㅇ서 세 사람이 피신하여 사이좋게 지내는데 그 세 사람도 기독교 목사와 천주교 신부, 불교의 승려로서 이념과 사상이 다르지만 친밀했던 것과 같다고 비유했다. 정규오, *Op. cit.* p. 157.

형룡을 중심한 정통신학과 신앙을 그대로 사수하려는 사람들이었다.

바로 이러한 소용돌이 속에 총신의 박형룡 박사에게 행정적인 문제가 생겼다. 그것은 신학교의 기지를 물색하는 중에 박호근이라는 인물에게 사기를 당하는 사건이 발생한다. 박호근은 숭의여학교가 남산에 있는 기지를 확보하는데 실력을 과시했다고 접근했고 당시 숭의여학교 이신덕 교장의 추천도 있었다. 그때 총신 당국은 남산에 기지 31,675평을 불하받고 신학대학 인가를 받고 신학교 건축 허가를 받기 위하여 박호근이 필요한 인물이라고 생각했다. 그래서 그에게 준돈이 30,162,172환이나 되었다.[72)]

당시에 안광국 목사는 박 박사가 사기에 걸렸다고 말했었다. 물론 박 박사는 순진한 학자였고 행정직원들의 실수로 말미암은 것이지만, 이를 기회로 해서 속칭 에큐메니칼 지지자들은 박형룡을 제거할 이유를 찾아낸 것이다.[73)] 물론 반에큐메니칼을 주장하는 사람들은 박 박사가 실수한 것이 아니고 아랫사람이 잘못한

---

72) 長老會神學大學七O年史, *Op. cit.* d. 137.

73) *Ibid.* p. 138.

74) *Ibid.* p. 139. 박 박사의 교장유임 청원을 낸 노회는 순천노회장 나덕환, 황해노회장 박승겸, 안주노회장 최경순, 평동노회장 위두찬, 경남노회장 이수필, 경서노회장 황병혁, 전남노회장 정규오, 충남노회장 정선덕, 평양노회장 김무봉 등 이었다.

것이니 교장으로 유임할 것을 주장하였다.[74] 그러나 이 문제는 결국 박형룡의 교장 퇴진으로 결론났다. 뿐만 아니라 이사장 안두화 목사의 신학교 보고 6항에서는 박형룡 박사를 본교 명예교장 겸 교수로 추대키로 건의했으나 부결되는 비운을 맛보았다.[75] 결국 그는 신학자이지 행정가는 아니었던 셈이다. 또 다른 하나는 바로 이 사건이 에큐메니칼 논쟁의 한가운데서 되어진 사건이라는 것이다. 그 이유는 박형룡은 에큐메니칼 운동의 신학적인 문제를 공격했을 뿐 아니라 보수신학의 대부격이었기에 그는 희생의 양이 된 셈이다. 그에 앞서 「기독공보」는 1958년 1월 27일자 '朴亨龍 校長 사표제출' 이라는 기사에서 이렇게 말하고 있다. 즉

> "박 박사가 이번 사표를 제출하기에는 현재 학교기지 확보를 위하여 수년간 갖은 노력을 하였으나 아직 달성하지 못한데서 파생되는 도의적 책임을 느끼어 사표를 제출하였다 하며 한편 필생의 사업인 「표준주석」 완성에 보다 더 시간을 갖기를 원함에 있다 한다.…"[76]

고 쓰고 있다. 그리고 기독공보 1958년 3. 17에는 특종기사로

---

75) 대한예수교 장로회 제42회 총회회의록, 1957년 9월 17일-24일, 부산중앙교회예배당, p. 181.
76) 기독공보, 1958. 1. 27. 1면.

「朴亨龍 校長 辭表受理…淡淡한 心精으로 引繼까지 執務」란 제목을 뽑았다. 그후 박형룡은 신학교에서 물러나 쉬게 되었고 그가 평생을 가르치던 조직신학 과목은 金圭唐 목사가 대신 가르치게 되었다.[77) 78)]

B. 總神과 長神의 분열

박형룡 교장이 물러가자 1년간은 그해 총회장인 노진현 목사가 대행하게 된다. 그런데 문제는 노진현 목사는 부산에서 목회하기 때문에 실제적인 신학교의 일은 볼 수 없었다. 학교의 제반사는 권세열 목사가 맡아하고 있었다.[79)]

이것이 바로 모든 학교의 움직임이 에큐메니칼쪽으로 유익하도록 흘러가게한 동기가 되었다. 1959년 9. 24일 대한예수교 장로회 44회 총회가 대전중앙교회에서 모이게 되었다. 이에 앞서 신학교이사회는 후임교장 선임에 고심하고 있었다. 그러나 결과

---

77) *Ibid*. 1958. 3. 17. 1면.

78) 1959년도 第二學期分 敎科經營案, 大韓예수敎長老會 總會神學校 敎務課(미인쇄물).

79) 기독공보, 1959. 12. 14. 당시 신학교장서리였던 桂一勝은 "神學校에 關하여 一言함"이란 글에서 그 자신의 입장에서 해명성 발언을 하고 있다. 1958년부터 기독공보는 완전히 에큐메니칼 지지자들이 장악했으므로 그후의 보도는 매우 편파적인데다 소위 합동측 노선에 선 지도자들을 규탄하는 것으로 일관하고 있었다.

는 실패작이었다.[80] 교장선임에 실패한 후 인선위원 7인을 선정하니 안두화, 김석진, 노진현, 권연호, 김재석, 안광국, 김윤찬 등이었다. 결국 대전에서 모이는 총회는 無로 돌아갔다. 총회임원 선거도, 신학교 교장 선출도 할 수 없었다. 이것이 분열 직전 마지막 신학교 이사회였다. 한편 노진현 목사의 법적인 교장시한은 11월 24일까지였다. 그런데 에큐메니칼측은 주도 면밀하게 학교를 분리할 결심을 하고 한밤 중에 거사를 시작하였다. 이 내용에 대해서는 당시의 기록과 총회회의록, 그리고 증거기록을 통해서 좀더 자세하게 말하고자 한다. 물론 한 사건을 두고 어떤 입장과 시작에서 보는가에 따라서 서로 상반될 수 있다는 것을 인정한다. 그러나 자료에 의한 객관적인 접근을 해보려고 한다.

박형룡 교장의 사임으로 총신은 공백기간을 맞았다. 그리고 노진현 목사가 교장대리를 보는 동안 학교의 운영방침은 권세열 박사를 중심한 선교사 중심의 에큐메니칼 운동의 지지세력으로 확보된다. 그리고 후임 교장의 선발이 난항에 부닥치고 총회는 기능이 마비된 채였다. 그리고 이때 명신홍 박사만이 에큐메니칼 운동을 반대하는 입장에서 고전분투하고 있었다. 1959년은 한국 장로교 역사상 가장 어두웠고 참담한 한해였다. 그것은 총회와

80) 長老會神學大學七O年史, *Op. cit.* p. 150. 교장지명 투표결과는 이러했다. 투표총수 38표, 계일승 19표, 명신홍 17표, 기권 2표였다. 그리고 교장선거 투표는 계일승을 교장으로 지명하자는 투표결과는 가 18표, 부 19표, 기권 1로 무산되었다.

신학교가 둘로 나뉘이고 신학교 교장이 노진현 교장서리와 계일승 교장서리가 있어서, 서로 중상 모략 반목 질시 법정 투쟁 등이 시작되었다. 그래서 장로교회의 위신은 땅에 떨어지고 말았다. 에큐메니칼 쪽으로 나간 그룹은 남산의 학교기지와 건물을 포기하고 태능에 70,000여평의 대지를 확보했으나 우선 갈만한 곳이 없어 대광학교를 교섭하고 구교사 일부를 임시교사로 쓰게 됐다. 長老會神學大學七O年史에 기록된 내용을 인용하면 다음과 같다.

> 계일승 학장서리는 1959년 10월 16일 임시 교수회를 열고 17일 아침 6시반 사이에 대광학교로 이사하기로 했다. 두대의 트럭을 동원하여 학교에 와서 학교 사정 김정걸씨에게 열쇠를 달라고 했다. 김정걸씨는 "나는 법적 교장인 노진현 목사에게 복종할 것이요 계일승씨와는 아무관계 없다는 한장의 글을 써 놓고 회현동 기숙사로 달려가 학교에 강도와 도적이 들었다"고 소리질렀다. 이때 학교에서는 인부를 동원하여 책상, 의자 비품 등을 싣고 학교의 문을 나오는데 김정걸이 "내가 이북에서 공산당에게 쫓겨 이곳까지 왔는데 어떻게 용공주의자들과 같이 살겠느냐? 나는 보수신앙을 위하여 순교나 순직하겠다"고 소리를 질렀다. 대광학교로 비품을 옮기는 것은 실패하였다.[81]

---

81) 長老會神學大學七O年史, *Op. cit.* p. 161. 이 사건은 에큐메니칼측 장신측이 고백한대로 학교의 기물을 옮기기 위한 기습작전이었다. 당시 12월 29일에 승동측에서 내어놓은 통합안을 보면,
① 신학교 재단이사의 불법등록을 취소할 것.

고 기술하고 있다. 위의 기록은 당시의 사건 즉 새벽에 학교비품 일체를 몰래 운반하려던 계획의 실패를 기록하는 장로교 신학교 역사의 어두운 단면이었다. 결국 이때 장신측은 집기나 도서 등을 옮기는 것은 실패했으나 학적부는 옮기고 말았다. 그런데 1959년 11월 29일 대한예수교 장로회 임원과 증경총회장 및 각 노회대표 명의로 한국에 와 있는 세 선교부에 대한 경고문을 대내외에 발표한 바 있다. 그 가운데 신학교 문제에 대해서 다음과 같은 경고를 하고 있다.

> "장로회 총회신학교에 대한 장로회선교사들의 행동은 너무나 놀랄 일이요 용서받기 어려운 과오이다. 이것을 보아서 앞으로 선교사들이 한국교회에 대하여 어떠한 일이라도 감행할런지 심히 근심된다. 신학교의 주권은 우리 장로회총회에 있고 신학교 대표권은 교장에게 있는 것이다. 그런데 이사와 설립자와 현 교장대리는 알지도 못하게 선교사 안두화씨는 신학교에 공포하기를 계일승씨를 신학교 대리교장이라고 하여 시무케 하고 또 선교회에서는 계일승씨는 정당한 대리교장이라고 성명서를 발표하였다. 선교사의 성명이면 총회도 성립되고 교장도 되는줄 알고 헌법과 이사회 규칙은 알지 못하도다. 전번 대전에서 모인 신학교와 이사회에서 교장대리 투표

---

② 소위 교장서리로 문교당국에 불법 수속한 계일승씨를 취소하고 이사장 안두화를 해면할 것.

③ 신학교재정(보상금 24,000,000환과 경상비 4,000,000환)불법사용을 정지하고 양측대표 명의로 공탁할 것을 제안했다.

에서 계일승씨는 17대 19표로서 분명히 부결되었고 다시 교장 추천 위원 7인을 택하여 그 임무를 진행케하였는데 도대체 계일승씨를 어느 이사회에서 택하였는가? 지금까지 노진현 교장 대리로 엄연히 문교부에 등록되어 있다. 그리고 또 일방적 신학교에 대한 세력을 증가하려고 선교사들이 모모처를 방문 활동하다가 실패한 사실과 통례에 의하여 서무가 보관하여 두는 직인들도 선교사 안두화씨가 서무에게 신학교 공인 전부를 강제 몰수하여 일개 교수인 계일승씨에게 맡겨둔 일은 합당치 않는 일이다. 즉 신학교 책임자에게 반환하여야 할 것이며 선교사의 명령으로 직명을 사칭하여 신학교 공금을 계일승씨 명의로 은행에 예금한 것도 속히 변경케 하라. 더욱 가증한 일은 신학교 동기 휴학이 12월 11일로 학칙에 적혀 있는데 총회 개회 전에 신학교를 자기네 세력권내로 이전하고 미리 총회전에 휴학하여 학생들을 해산시키려는 목적으로 선교사 안두화씨는 대광중학교 구교사를 교섭하고 총회전에 이전을 꾀하였다. 실상은 현교사 이전기한은 금년 말까지이다. 그런데 학생들과 사무직원이나 일방의 이사와 교수엑 일절 알리지 않고 선교사들과 계일승씨는 그들에 추종하는 신학교 직원 김규당, 박창환, 김윤국 씨등을 대동하고 트럭 5대와 수십명의 인부를 데리고 11월 17일 새벽미명에 평화롭고 신성한 신학교에 돌연 침입하여 학교수위의 반항 거절함을 물리치고 굳게 잠가둔 문 자물쇠를 파괴하고 학교비품을 강제로 꺼내어 트럭에 싣고 황급히 도주하려던 순간에 회현동 기숙사학생들에게 발각 제지되어 마침내 목적을 달성하지 못하고 선교사 배의취, 마펫, 곽안전, 옥호열, 데가보, 썰멀빌 제씨와 계일승씨 등은 학생들에게 추궁과 비난을 당하고 여러가지 부끄러운 질문을 받고 극히 당황하여 선교사들은 운전수에게 운임을 많이 줄터이니 속히 옮겨달라고도 하여 보았고 학생들에게 간청도 하여 보았으나 학생들은 더욱 의분을 참지 못하여 교직원들과 선교사들의 불법한 행동을 힐문하였다. 이때 선교사들은 학생들을 향하여 말하기를 우리 三선교회는 계일승씨를 원조하여 주겠으니 모든 학생들은 계일승씨를 따라 오라고 광포하고, 계일승씨와 김윤국씨는 학생들을 향하여 말하기를 우리는 이 학교 비품을 포기하여도 염려없다. 새로 좋은 것을 준비할 여유는 많으니 염려말고 따라오라고 한 후에 당장에 학교 휴학을 광포하며 학생들에게 해산을 명하였으나 학생들은 강당으로 들어가서 작별예배를 드린 후에 선교사와 계일승씨 등 직원이 일시에 퇴장하여 소수 학생들을 데리고 대광중학교 구교사로 나갔다. 이로써 신학교도 분열되었으니 그 책임은 선교사들에게 있다. 그러나 다수학생은 동하지 않고 교장대리 노진현 총회장의 지시대로 수업을 계속하였다. 그 이튿날 18일 새벽 4시 30분에 또다시 습격을 받았다. 선교사 배의취, 마펫, 곽안전, 데가보 제씨와 계일승씨 등 학교 직원들과 안광국, 최중해씨 등이 합세하여 군인 수십명과 트럭 6대를 동원하고 학생들이 반항할까 두려워서 미리 경찰서에 연락하여 다수 경찰관을 동원하여 든든한 방위 태세를 갖추어 가지고 밤중에 와서 학생들에게 위세를 보이며 학교 물품을 강제로 탈취코져 했으나 또 신학생들에게 발각되어 제지를 당하고 이번도 실패하고 말았다.…"[82)]

82) 대한예수교 장로회총회 제45회 총회, 1960. 9. 22~24, 1960. 12, 13~15. 승동교회, pp. 95, 96.

고 썼다. 위의 내용은 이른바 總神과 현재의 長神이 갈라지게 되는 마지막 장면이다. 선교사들이 에큐메니칼 운동을 강압적으로 또는 식민적인 발상으로, 한국교회를 자기들 마음대로 하겠다는데서 이런 비극이 있었다고 본다. 불행한 사건을 들추어내서 상처를 건드릴 필요는 없겠지만 역사적인 기록은 남겨야 하겠기에 이 부분을 자세히 쓰고 싶다. 1985년 8월 13일자 당시 사건현장에서 항의했던 강신학 학생(현재 L.A에서 목회중)이 필자에게 "1959년 總神의 分列事項"이란 제목의 장문의 글을 보내왔다.[83)]

이 내용들은 앞서 말한 총회의 기록과 완전히 일치하였다. 그런데 좀더 당시 상황이 드라마틱한 것이 있어서 그 일부만을 인용해 본다.

> "…그때에 계 목사와 고 집사는 피하고 있었고 박창환 목사는 강당에서 의자를 나르고 김윤국 목사는 3년 교실에서 의자를 접고 있었다. 김윤국 목사를 끌어냈다. 이러한 행동을 하는 것도 목사냐고 소리쳤다. 그리고 박 목사 있는 강당에 뛰어가서 고래고래 소리쳤다. 박 목사에게 항의하였다. 그러나 박 목사가 하는 말이 선교부에 도움받고 있는 학생이 아닌가. 강신학씨만 가만히 있으면 되는데 왜 그러냐고 하였다. 필자는 목사가 왜 새벽에 절차도 없이 도둑질하느냐고 하였

---

83) 강신학 목사님은 현재 미국캘리포니아주가든 글로브에 있는 광명교회를 담임하고 있다. 필자가 1984년에 그분을 만났을 때 총신의 분열된 내용을 자세히 기록에 남기고 싶다면서, 그 이듬해 필자에게 이 편지를 보내온 것이다.

다. 그후 그들은 다 피신해 버렸다. 트럭운전사들에게는 공모죄로 고발하겠다고 하니, 그들이 말하기를 무슨 죄냐고 되묻기에 장물운반죄라고 하니 사정을 해와 그대로 짐을 부리게 하고 보냈다. 그때에 이미 김정걸 집사는 트럭이 나가지 못하게 차밑에 누워 있었다…"[84)]

고 썼다. 어쨌든 박형룡 박사를 중심한 보수주의 신앙을 가진 사람들과 선교사들을 축으로 해서 에큐메니칼 운동에 진취적으로 참여하는 이들로 말미암아 총회와 신학교도 나누어지게 되는 비운을 맛보았다.

C. 총신에 朴亨龍의 재등장과 고신과의 합동

총신분열의 격렬한 진통이 지나간 후에 학교는 정비를 하기 시작했다. 1960년 9월 20일자 총회에 보고한 상황은 다음과 같다.[85)] 교직원 내용을 보면 교장대리 노진현 목사, 교수 겸 학감인 명신홍 목사가 목회학을 가르치고, 박형룡 목사는 다시 조직신학을 강의했다. 그리고 김치선 목사가 교수로 그리고 한철하,

84) *Ibid*. 김정걸 집사의 증언에 의하면, 다른 것은 위의 기록과 같고 다만 차 밑에 누워 있었던 것이 아니고 학교 정문 앞에서 양팔로 가로 막고 차를 못가게 했다는 것이다.

85) 대한예수교 장로회 제45회 총회록, *Op. cit*. p. 113f. 당시 이사장 권연호 목사와 교장대리 노진현 목사의 이름으로 총회에 보고된 자료이다.

최의원 목사, 심인곤 선생등이 전임강사로, 그리고 강태국, 김상권, 박병훈, 변홍규 등이 강사로 일하게 되니 총신의 골격은 제모습을 찾아가기 시작했다. 무엇보다 박형룡이 없는 총신에서 혼자 고전분투했던 명신홍과 총회와 이사들의 강한 뒷바침으로 총신을 지켰던 일은 길이 기억되어야 할 것이며, 얼마간 쉬고 있던 박형룡의 재등장은 총신의 입장과 역할을 분명히 하는 상징이 되었다. 이때에 총회적으로는 총회측과 고려측이 합동운동이 일어나고 있었다. 1960년 12월 예장측 총회장 고성모 목사와 고신측 총회장 송상석 목사 그리고 양측 총회원 이름으로 합동취지 및 선서문이 발표되고 10여년간 예장측(현합동측)과 고신측이 갈라져 오다가 합동하는 아름다움이 있었다.[86] 그리고 박형룡 박사는 1961년 9월 26일 다시 총회 신학교 교장의 자리로 앉고 같은날 고려신학교에 새로 부임한 오병세, 홍반식 박사를 총신의 전임강사로 받고 인사를 총회 앞에 하게 된다. 총신은 고신의 교수들과 합함으로 가장 강한 교수진으로 보강되고 전국교회의 협력으로 성장하게 된다. 그리고 박형룡은 중요한 행사마다 교단의 신학과 신앙의 방향을 제시하고 개혁주의 보수신학을 이끌어가는데 견

86) *Ibid.* p. 127f. 합동원측 중에는 ① 신조:웨스트민스터 신도게요에 의하여 대한예수교 장로회 헌법에 명시한 十二신조와, ② 신학:칼빈주의신학에 의하여 합동을 원칙으로하며, ③ 신학교:신학교는 총회직영의 단일신학교로 하고 양보질에 중점을 두며 이사회의 이사선임 제청제를 폐하지 않기로 하다.

인차 구싱를 하였다.[87] 가령 1960년 12월 13일 하오 6시 서울 勝洞敎會에서 열린 합동 총회 개회설교에서, 박형룡 박사는 "믿는 일과 아는 일에 하나가 되어"라는 제목의 설교를 하면서 감격적인 메시지를 전하였다. 그는 말하기를,

> "금일 대한예수교 장로회 정통주의 두 교회의 합동총회가 모이는 취지는 실로 이 긴급한 요구에 응수(應酬)함에 있다. 한국 장로교회에 정통주의 두 교회의 분립의 원인은 본래 감정상 대립도 있었으나 주를 믿는 일과 아는 일에 하나되는 신앙적 신학적 통일을 지키는 방법문제에 의견의 차이가 중요한 것이다.…"[88]

고 말하면서 과거의 역사적 현실을 담담히 엮어갔다. 그리고 이제는 자유주의 신앙과 싸우기 위해서는 서로가 협력하고 전진해야 될것을 역설하였다. 또한 그의 합동설교의 마지막에 가서 다음과 같은 시를 써서 양 총회의 합동을 찬양하였다.

> "한편에서 말하여
> 십년전에 떠나실 때 무정히도 가시더니
> 신앙보수 선한 싸움에

---

87) 대한예수교 장로회 제46회 총회회의록, p. 50.

88) 朴亨龍 "믿는 일과 아는 일에 하나되어" 把守軍, 제106호, 1월호(1961), p. 14. 또한 이 내용은 神學指南 제37권 제1호, p. 28.

필승필취 승리(必勝必取勝利)하여
육백교회 십만병적 이룩하신 공적이여
가빈(家貧)에 사현처(思賢妻)요
국난(國難)에 사량신(思良臣)이라
본진(本陣)에 불이나니
불끌 용사 기다리오 신앙의 용사들이여
뛰어오소 날라오소,

다른편에서는 응답하여
십년전에 떠난일은 신앙보수목적이니
육신으로 떠났으나
마음이야 떠났으랴 본진의 대승리를
주야로 빌었노라
본진에 불이일어 화광(火光)이 충천(衝天)키로
병사삼간(兵舍三間) 다 타기전
불끄러 오는터니 마음놓고 힘을모아
이불 끄게 합시다."[89]

라고 하면서 과거사에 대해서 서로가 시비와 원망을 거는것보다 서로가 저편이 잘한 것을 피차에 예찬하자고 호소함으로 한국 장로교회 역사의 참으로 아름다운 장면이 연출되었다. 또 박형룡은 새롭게 총신의 기관지가 된 「파숫군」지에 기고하기 시작하고[90]

---

89) *Ibid.* p. 29.

90) *Ibid.* p. 35. 이때 이사회의 보고에 의하면 "「파숫군」잡지를 본신학교 기관지로 쓰게 되었아오니 널리 보급하도록 힘써주시기 바라오며, 본신 학교의

총회와 신학교의 새로운 전열을 가다듬었다. 박형룡은 다시 1962년 9월 첫주에 "總會創立 五十週年 紀念辭"를 하면서 총회의 방향을 제시한다.[91)]

그러나 총회의 정치적 역학적 변동은 신학교 안에 여러가지 변화를 일으키게 했다. 그것은 새로된 교수회 회칙중에 제5장 10조 1항 교장은 교수가 교수취임순서에 따라서 윤번으로 취임하여 1년간 시무한다는 규적이었다. 이리해서 박형룡, 박윤선, 이상근 목사 등의 순서로 교장이 일년간씩 윤번제로 실시하게 되고 그후 고려신학교의 복교문제로 다시 흔들리기 시작했다.[92)] 그후 1965년 10월 12일에 朴亨龍 박사는 明信弘 박사에게 교장을 인

금년도 졸업회수를 평양신학교 졸업회수로 계승하여 56회로 하도록 허락하여 주시기 바라오며…" 그리고 「파수군」는 1965년 1월에 오늘의 기독신보로 바뀌었다.

91) 이때 박형룡박사는 한부선, 김정묵, 이대영 목사와 함께 총회 공로자로 표창을 받았고 또 현존 역대 총회장들이 표창받았는데 이들의 명단은 다음과 같았다. 이인식, 정인과, 이승진, 최재화, 권연호, 명신홍, 이대영, 노현진, 양화석, 고성모, 한상동, 박손혁, 황철도, 송상석 등이었다. 총회 50주년 기념행사는 합동측총회가 모총회인 것을 보여준 대회였다. 把守軍, 123호(1962), p. 43. 이때 다음과 같은 규정도 함께 정해졌다. "조교, 전임강사, 조교수, 부교수, 교수의 채용에는 목사로서 3년이상 목회의 경험이 있는자로 한다"는 규정을 세웠다. 대한예수교 장로회 총회 제47회 총회회의록, p. 35.

92) 1962년 10월 13일경에 한상동 목사가 돌연히 부산시내에 있는 몇몇 목사들 초청하여 고려신학교를 복교하겠다는 결심에서 비롯된다. 대다수의 목사가 반대했음에도 10월 23일 부산분교 간판을 떼고 고려신학교 간판을 바꾸어 달았다. 여기서부터 문제가 발단된다. 把守軍, 129호(1963), p.7f. 김상도, "고려신학교 복교운동의 전망"보다 자세한 내용은 정규오, *op. cit.* pp. 337~353을 참고할 것.

계하고 그는 대학원장으로 물러앉는다. 명신홍 박사는 총신을 에큐메니칼의 손에서 지키고 오늘의 사당동 총신 본관 건물과 대지 정지 작업을 위해서 심혈을 기울였던 것이다. 박형룡 박사는 명신홍 박사 교장 취임 권면사에서 이러한 요지로 말하였다.

첫째로, 개혁주의적 정통신학으로 교역자를 양성하되 전도하며 봉사하는 실천적 목회자를 만들어 달리고 부탁했다. 둘째는 교수진에 학덕과 신앙이 강한 인재를 불러모아 바른신학을 연구 발표 확립하는데 앞장서 것과 총신의 교훈 다섯가지를 잘 실천해 달라는 내용이었다.[93] 그동안 총신은 1964년에 있었던 이른바 3박사 사건[94] 총신의 성장과정에서 오는 아픔들이 늘 박형룡을 떠나지 않았다. 한국교회에 개혁주의적인 보수신학과 신앙을 지키려는 박형룡의 열정과 헌신은 그의 생애가 끝나는 날까지 계속되었다. 그리고 平神과 長神, 總神을 잇는 하나의 맥과 축으로 연결된 삶이었다.

---

93) 基督新報, 1965. 10. 25. 2면.

94) 소위 3박사 사건이라함은 1964년 1월 19일 총신 이사회가 모여서 한철하 박사는 신학부에서 대학부 부장으로 전임하면서 신학부 과목은 맡지말라고 했고, 최의원 박사나 차남진 박사는 신학부에서 가르치면서 대학부 과목도 지원하라는 결의를 하게 된데서 일어난 사건이다. 3박사는 사표제출, 또는 3박사를 추방했다는 선전, 해명, 대책위원회 등을 의미한다. 정규오, *Op. cit.* p. 353f.

맺는 말

우리는 위에서 朴亨龍 박사의 신학자로서의 삶과 대한예수교 장로회 및 그 신학교에 연관된 사실들을 연구하였다. 특히 그의 존재의 의미는 平神과 總神의 전통을 접목하는 대들보 역할을 감당한 것이다. 한 세대는 가고 또 한 세대는 왔지만 교회와 신학교가 성경의 진리와 사도적 전통에 충실해야 된다고 볼 때 박형룡 없는 총신을 생각할 수 없게 된다. 간하배 박사(Dr. Harvie Conn)는 '韓國의 神學者' 시리즈 첫번째로 "總神의 朴亨龍 博士"란 제목에서 다음과 같이 말하고 있다.

> "…박 박사가 신학교에서 교편을 잡은지 수년 후에 조직신학 분야서 대변자가 되었다.…금일에 이르러 그는 워필드, 카이퍼, 핫지 계통에 있어 한국의 조직신학의 대변자로 추앙받는다."[95]

고 지적하였다. 또 그가 남긴 조직신학 시리즈와 그의 저술들은 한국교회와 신학계에 기념비적인 가치가 있을 것이다. 박 박사가 교회의 수호의자의 역할을 감당하는 신학을 폄으로써 비평을 받은 것은 사실이다. 그러나 그는 역사적 기독교의 신앙을 수호하

---

95) 基督新報, 1967. 9. 30. 1면.

고 옹호 해야한다는 그의 의무감은 그로 하여금 해외에서 돌아온 김재준과의 충돌을 면할수 없었다.[96] 박형룡은 W.C.C.신학에 대해서 성경적인 은총의 교리로 대결하고 있었다. 박 박사에 대한 비난의 모두가 자유주의자로부터 온 것이면 그가 치러야할 당연한 결과가 아닐가 생각해 본다. 그런데 박형룡 박사는 한국교회에 대한 사명이 수호자로 끝나는 것이라기보다는 엄밀히 말해서 그는 하나의 창설자라고 할 수 있을 것이다.[97]

그는 칼빈주의의 근본적인 원리의 테두리 안에서 영감된 말씀을 통한 진리의 탐구자요, 조직신학을 개혁주의적인 바탕 위에 건설한 사람이다. 박 박사는 스펄젼의 말을 인용하면서 大神學者들이 있기 전에는 大傳道者들이 있지 못할 것이며, 천박한 학도들 중에 영혼을 움직이는 대전도자들이 나올 수 없음을 역설하였다. 과거를 토대로 하여 쌓아올리지 않는 신학은 역사에 대한 우리의 의무를 무시하는 것이므로 그는 그의 신학을 언제라도 과거를 토대로 해서 쌓아올리는 것이다. 그런데 그가 쌓아올린 신학은 단순히 학문만을 위한 것이 아니고 목양의 현장과 전도의 현장을 위한 것이다. 總神은 오늘의 현실을 결코 외면해서도 안되지만 박형룡 박사를 축으로 하여 세워진 개혁주의적인 정통신학

96) Ibid.
97) Ibid.

에 얼마만큼 충실하느냐에 總神의 존재가 확인될 것이다. 1967년 성탄절을 맞이 하여 그가 쓴 휘호가 있다. 그것은 총신에 대한 믿음이며 소망이며 사랑이리라.

"海東第一先知校風霜
萬古不動搖守眞育英
長歲月千千門徒廣宣敎."[98](*)

---

98) *Ibid.* 1967. 12. 23. 1면. 당시 朴允性 편집국장이 "眞理守護를 위한 60년 자취"라는 총신의 역사를 더듬고 총신의 전경과 더불어 朴亨龍 박사의 성탄 휘호를 게재하고 있다.

총신과 신학지남과 박형룡

정성구

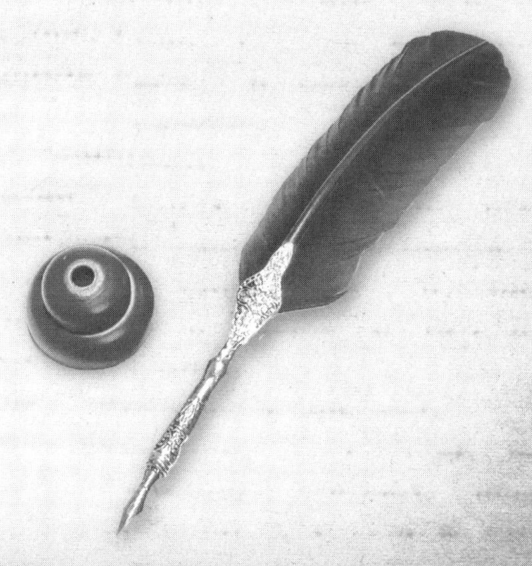

제3부

總神과 神學指南과 朴亨龍

1988년은 총신대학 및 신학대학원의 기관지인 「神學指南」이 창간되지만 70주년이 되는 해이다. 1901년 본교가 개교한 후 17년 만인 1918년 3월 20일에 창간된 신학지남은 본교의 신학적인 입장을 대변했을뿐 아니라 본교의 발전과 영욕을 같이해 온 칼빈주의적 보수신학의 대변지로서 사명을 감당해 왔다. 그러므로 神學指南 없는 總神을 생각할 수 없고, 總神 없는 신학지남을 생각할 수 없을 것이다. 뿐만 아니라 한국교회사에 수많은 기독교 신문과 잡지들이 출판되었으나 얼마 가지 못해서 단명으로 끝나버렸고 유일하게 신학지남만은 외우내환을 딛고 불사조처럼 살아온 한국에서 가장 오래된 학술 잡지임을 자랑하고 있다.[1)] 이제 신학지남 창간 70주년을 맞이한다. 總神이 평양 장로회 신학교의 후신이란 가장 큰 증거 가운데 하나는 평양신학교의 기관지, 신학지남 편집위원이었던 박형룡 박사로 말미암아 속간된데 있다.[2)] 한국교회, 특히 장로교회는 지난 한세기 동안

---

1) 한국 초창기의 신문 및 잡지들로는 「The Korean Repository」(1891. 1. 1) 「죠선크리스도인회보(1879. 2. 1), 「그리스도신문」(1897. 4. 1), 「대한 그리스도인회보」(1897. 12. 8), 「신학월보」(1900. 12. 1), 「The Korean Mission Field」(1905), 「가뎡잡지」(1906. 6. 25), 「예수교신보」(1907. 12. 10), 「宗古聖教會月報」(1908. 6), 「大道」(1908. 12. 21), 「구셰신문」(1909. 7. 1), 「예수교회보」(1910. 2. 28), 「셰텬ㅅ의 긔별」(1910. 10. 20), 「그리스도회보」(1911. 10. 16), 「만인보」(1913. 1. 13), 「中央青年會報」(1914. 9. 11), 「公道」(1914. 10. 16), 「基督申報」(1915. 12. 8), 「神學世界」(1916. 2), 「The Korean Magazine」(1917. 1), 「監理會報」(1917. 1. 20), 「朝鮮正教報」(1917. 2. 25), 「福音申報」(1917. 5), 「基督青年」(1917. 11. 17), 「聖經雜誌」(1918. 2. 28), 「選民」(1919. 1. 30), 「世光」(1920. 1. 15), 「現代」(1920. 1. 31), 「青年」(1921. 3), 「半島之光」(1921. 9. 10), 「活泉」(1922. 11. 25), 「新生命」(1923. 7. 16), 「時兆」(1923. 9), 「主日學校通信」(1923. 10), 「쥬일셰계」(1925. 6. 11), 「神學報」(1925. 7. 13), 「쥬일학교잡지」(1925. 7), 「眞生」(1925. 9. 1), 「使命」(1926. 3. 1) 등 약 88종의 신문 및 잡지가 있었다. 그 중에서 지금까지 명맥을 유지하는 잡지는 1922년에 출판된 성결교회의 잡지 活泉이 몇번의 정간을 거쳐서 오늘에 이르렀고, 본지인 神學指南보다 2년 앞서 발행한 감리교신학교 「神學世界」도 몇번의 정간을 거쳐서 겨우 명맥은 유지되나 1953년 이후부터 1년에 겨우 한권정도 밖에 내지 못하므로 초창기의 계간 및 격월간지의 성격을 잃어버렸다.
   Cf. 尹春炳, 韓國基督教新聞 · 雜誌百年史(1885-1945) (大韓基督教書會, 1984).

2) 神學指南 第二十三券, 第一號 二月號(서울:神學指南社, 大韓예수교教長老會神學校, 1954) p. 1f. 朴亨龍 박사의 속간사 "神學의 指南針은 다시 움직인다"라는 제목에서 總神은 平神의 후신이며 그래서 神學指南을 續刊한다고 말했다. 한때 장로회 신학대학 계일승 학장의 이름으로 신학지남을 발표했으나 전통적 계승권 문제로 박형룡박사가 승소하여, 그 이후부터는 신학지

환난과 핍박 그리고 총회와 신학교의 분열의 아픔을 떨쳐버릴 수 없었다. 그러나 이와 같은 악조건 속에서도 신학지남이 70년동안 살아서 신학의 지남침 역할을 감당해 온 것은 하나님의 은혜와 축복일 것이다. 특히 신학지남에서 주장해온 신학의 방향은 항상 성경적이고 보수적이며 改革主義 입장에서 성장 발전하고 있었다는 사실이다. 이제 우리는 이 뜻깊은 해에 "神學指南의 韓國 神學史的 意義"[3]를 다시 조명해보고, 신학지남의 과거를 뒤돌아보며 미래를 설계한다는 뜻에서 神學指南小史를 쓰게 된 것이다.

I. 神學指南과 總神

「神學指南」은 평양신학교의 학술지며, 기관지로서 신학교의 입이나 다름없었다. 또한 신학지남은 교수들의 강단과 같았다. 앞서 말한대로 신학지남은 학교와 영욕을 같이 해온 셈이다. 1938년 신학교가 일제의 신사참배에 반대하다가 문을 닫은 후에도 1940년 10월 25일에 최종호를 냈다. 그리고 해방 후 6년을 지

남을 平神과 總神을 잇는 유일한 기관지로 굳어졌다. 기독교대백과사전(교문사). 532.

3) 朴亨龍, "神學指南의 韓國神學史的 意義", 神學指南, 제42권 4집(1975. 겨울), p. 12.

나서 1951년 9월 18일에 대구에서 장로회 총회 신학교가 전 평양 장로회 신학교의 후신으로 설립되고 그로부터 3년 후인 1954년 2월 1일에 총신의 학보로서 「神學指南」이 속간되게 된 것이다.[4] 평양신학교의 교수였으며 신학지남 편집위원이었던 朴亨龍 박사가 발행인 겸 편집인을 맡음으로서 평양신학교의 후신으로서 총회신학교를 확인한 셈이 된다. 1918년 3월 20일 본지의 창간호 사설에서 편집인 王吉志(J. Engel)박사가 밝힌 내용은 대강 다음과 같다.[5]

즉, 신학지남은 성경과 같은 권위를 갖는 것은 아니지만, 신학지남의 방향과 기초는 언제나 하나님의 말씀에 근거한다는 것이다. 신학교에서 신학의 여러 과목을 가르치지만 시간적으로 부족하기 때문에 졸업생 또는 재학생들에게 보다 깊고 넓은 신학적인

---

4) 神學指南이 1940년 10월 제22권 5호를 끝으로 폐간되었다. 그후 교단의 분열, 6 · 25 전쟁 등의 여러 사정으로 이어 오지 못하다가 신학교가 대구에서 서울 남산으로 옮긴 후인 1954년 2월 23권 1호를 발행하여 14년만에 다시 속간되었다. 그러나 이 공백기나에 1949년 1월, 1950년 1월, 1953년 1월 등 세 차례에 걸쳐서 朴亨龍 박사(당시 장로회총회신학교 교장)등이 「神學正論」이란 이름으로 발간하기도 했다. 그러므로 「神學正論」도 엄밀히 말하면 「神學指南」과 같은 잡지로 이해되어져야 할 것이다. 그 이유는 동일기관에서 동일한 편집인에 의해서 같은 신학적인 입장으로 발행되었기 때문이다. Cf. 基督教大百科事典, 第1券(서울: 교문사, 1980), p. 521.

5) "神學의 眞指南은 聖經이어늘 엇지» 야 此期報의 名稱은 神學指南이라 » 뇨 此雜誌는 聖經과]ᄒᆞ나 決斷코 아니라 此期報는 聖經으로 眞南을 삼아 依ᄒᆞ야 每期에 特別히 五長老教會의 特師와 神學生들에게 神學의 廣海에 方向을 指南 » 려- 目的이 잇- 니라"…神學指南 社說, (1913. 3. 20) P.1.

정보를 주고 도와주려는 것이 목적이다. 뿐만 아니라 신학생들이나 졸업한 목사들이 당장 부딪치는 것이 강단에서 설교하는 것이다. 그래서 실천적이고 목회하는데 도움을 주기 위한 발상으로서 설교의 실제와 재료를 공급하기 위한 것이었다. 그러므로 신학지남은 신학교의 심장이요, 정신적 지주가 된다. 그러므로 신학지남의 역사를 살피는 것은 바로 신학교의 역사를 살피는 것과 맥을 같이한다. 물론 신학지남이 편집에 있어서 신학적인 입장을 천명한 선언문은 없으나, 신학지남의 모든 논문들은 보수적이고 정통주의적이며 개혁주의적인 신앙노선을 표방하여 왔다. 그러므로 신학지남의 70년 역사는 바로 총신의 역사요 한국 신학사라고 해도 무방할 것이다. 앞서도 말한바와 같이 平神과 總神의 동질성(Identity)을 연결시켜 주는 것은 바로 신학지남의 복간에서 발견할 수 있다. 朴亨龍 박사는 그의 속간사에서 "神學의 指南針은 다시 움직인다"라는 제목 하에 다음과 같이 말하였다. 즉,

> "…長老會神學校는 三十六年의 긴 歲月 동안 "칸빈"主義 正統神學의 敎訓에 從事하여 七百餘命의 信實한 牧師를 이 나라 敎界에 내어보내고 日政末期 險惡한 逼迫 아래 眞理를 固守하다가 一九三八年 眞理에 殉하여 閉門하였다. 同校의 남은 事業을 完遂할 뜻을 품고 그 廢墟에 平壤神學校가 일어나 多年間 敎役者養成에 從事하였으며 解放後 同校의 傳統을 南

韓에서 繼承하고자 서울 長老會神學校가 일어나 幾年間 "칼빈"主義 正統神學에 盡力하였다. 그리고 一九五O年 苛烈한 戰爭中에 三八線이 暫開하고 全國의 敎役者 神學生이 南韓에서 會合한 뒤를 이어 一九五一年 秋九月 大邱에서 本長老會神學校가 平壤長老會 神學校의 神學的 傳統을 襲踏하기에 努力하고 있다. 그 努力의 一部로서 지금은 同校의 機關紙였던 「神學指南」의 續刊을 斷行한다."[6]

라고 하였다. 平神과 總神의 동질성은 두말할 필요도 없이 平神의 교수와 학생들이 다시 남한에서 개교한 것이지만 역시 교수회가 편집하던 신학지남이 속간되어 오늘에 이름으로써 두 학교의 동질성을 연결하는 끈이 된 것이다. 그러므로 최근에 신학교의 난립으로 본교와 유사한 교명 사용 또는 평양신학교와의 연계성 운운하는 학교들은 법적으로나 전통성에 있어서 본교와 무관하다는 것을 밝히고 싶다. 특히 앞서 인용된 박형용 박사의 속간사의 끝에는 인상적인 글귀가 보인다.

"끝으로 하나님 앞에 特別히 感謝함은 다름 아니라 筆者는 過去 「神學指南」 最後十年間 編輯部의 一員으로 微力을 바치던 그 人物로서 이제 本誌의 復活에 着手할 特權을 얻은 것이

6) 神學指南, 第二十三券, 第一號, 二月號(서울:神學指南社, 大韓예수敎長老會神學校, 1954), p. 1.

7) *Ibid.* p. 2.

다."[7]

라고 함으로써 總神이 平神을 잇는 것은 당시의 신학지남 편집인이 이를 복간하는 특권을 가진 것이다. 또 신학지남은 앞서 말한 대로 신학교의 기관지일뿐 아니라 신문의 역할도 하고 있었다. 특히 「社說」 「神學校寄別」 또는 「神學校消息」란을 특별히 두어서 교수회의 변동사항, 교무행정 및 학생의 변동사항까지 자세히 알림으로써 신학교의 기관지로서의 사명을 감당하였다. 그리고 신학지남은 평양신학교의 출판된 성경사전, 교재들과 함께 신학교 출판부에서 이루어지고 있었다.[8] 그러므로 總神이 平神의 후신으로 시작할 때 그 첫 작업으로 「神學指南」을 복간하게 된 것은 지극히 당연한 사업이었다.

---

7) *Ibid.* p. 2.

8) *Catalogue of the Prebyterian Theological Seminary*(Pyengyang, 1923), p. 38. 이것은 평양신학교의 요람인데, 여기서 신학교의 출판부에서 「神學指南」을 정기간행물로 규정하고 있다. "The Tbeological Review is a quarterly, edited by the faculty of the Seminary, its aim being to supplement the teaching carried on within the institution. The quarterly has a large subscription list and is doing a valuable service to the pastors and leaders of the Korean church. The Rev. G. Engel, D. D. of the Australian Presbyterian Mission was the first editor of the magazine "Rev. Dr. William M. Baird of the Northern Presbyterian Mission is the present editors-in-chief."

II.「神學指南」의 신학적 배경

신학지남이 출판된 것은 이땅에 복음이 들어온지 24년만이고 신학교가 세워진 후로는 17년만에 되어진 일이다. 그런데 사실 초기의 신학지남의 편집인들이 선교사들이었으니 만큼 초기 10여년 동안은 선교사들의 독무대였다 그러므로 신학지남의 신학적 사상은 자연히 우리에게 선교사를 파송한 미국 장로교회 또는 호주 장로교회의 신학과 맥을 같이 한다. 한국교회 자신이 신학적인 발언을 할만한 학자도 없고 그럴만한 준비가 전혀 없었기 때문에 신학지남의 신학적인 방향은 바로 수입신학(Import Theologie)에 불과했다.[9] 물론 유동식 교수같은 이는 한국신학의 태동기를 1900년에서 1915년까지로서「신학월보」시대로, 그리고 한국신학의 발아기를 1916년에서 1927년까지「新生命」의 시대로 그리고 한국신학의 정초기로서 1928년에서 1939년까지「神學指南」과「神學世界」의 시대로 구분했다.[10] 그러나 실제로 장 · 감 · 성 할 것 없이 신학적 입장에 있어서 자연히 선교국의 신학적인 입장과 맥을 같이하게 됐다. 신학지남의 초기는 호

---

9) J. Verkuyl, *Inleiding in de Nieuwere Zendingswetenschaap*, J. H. Kok(Kampen, 1975), p. 353f. 벌까일 박사에 의하면 제3세계에 들어온 신학을 재생신학(Reproductie Theologie) 또는 화분같이 신학(Pot plant Theologie)등으로 불렀다.

10) 柳東植, 韓國神學의 鑛脈, 韓國神學思想序說(展望社, 1982), p.31.

주 장로교회의 왕길지(Dr. G. Engel)박사가 1918년에서 1920년까지 2년동안 첫번째 편집인이어고 두번째는 미국 북장로교회의 선교사 배위량(Dr. W.M. baird)박사로써 1921년에서 1927년까지 일했다. 앞서도 말했거니와 이 기간 동안의 신학교의 교수진은 모두가 선교사였고 집필진도 모두가 선교사였다. 그렇다면 신학지남에 기고했던 선교사들의 신학적 입장은 무엇이었던가를 살펴보자. 그것은 19C 말엽의 미국 북장로교회의 한 축소판이었다.

A. 칼빈주의적이며 보수주의적인 입장

「神學指南」의 신학적인 입장이 칼빈주의적이며 보수주의적이라는 것은 편집인, 발행인 또는 기고자들의 신학적인 배경에서 찾아볼 수 있다. 물론 「神學指南」에서 칼빈 또는 칼빈주의란 말을 쓰기 시작한 것은 창간 후 상당한 기간이 흐른 1934년과 1936년대부터이다.[11] 한국에 처음으로 들어왔던 선교사들은 주로 웨스트민스터 신앙고백을 따르는 복음적이며 보수적이며 칼빈주

11) 제16권 4집(1934. 7), 통권 76호 칼빈특집에 게제된 논문.
남궁혁 "칼빈神學과 現代生活", 송창근 "요한칼빈의 一生", 박형용 "칼빈의 豫定論", 채필근 "칼빈의 敎會論과 敎會政策", 이눌서 "칼빈神學과 그 感化", 羅富悅 "聖書註釋家로 본 칼빈". 곽안련 "강단의 칼빈", "逼迫-칼빈의 설교"(김재준 역)등이다. 그리고 1937년 「神學指南」 19권 4호~6호에 咸日敦(Hamiton)선교사가 처음으로 세차례에 걸쳐서 칼빈주의(Calvinism)를 해설하고 있다.

의적인 인물들이었다. 1893년에서 1901년까지 한국에서 활동하던 북장로교회의 선교사는 40명이었다. 그중에 16명이 프린스턴 신학교 출신이고 11명이 멕코믹 신학교였다. 이 두 학교는 미국 북장로교의 직영 신학교로서 찰스 핫지(Charles Hodge), 에이에이 핫지(A. A. Hodge) 그리고 월필트(B. B. Warfield)의 제자들이다. 그러므로 평양신학의 초대교장이던 마포삼열(S. A. Maffet)박사나 「神學指南」의 초대 발행인이 된 곽안련(A. Clark) 박사 등은 칼빈주의적이고 정통주의 입장의 선교사들이었다.[12)]

물론 1934년 전까지의 「神學指南」에서는 개혁주의니 칼빈주의니 하는 용어조차 쓴 일이 없다. 다만 편집자나 교수들의 사상이 철저히 칼빈주의적이었고 복음주의적이었다는 말이다. 가령 마포살열 박사가 1919년 대한예수교 장로회 제8대 총회장에 피선된 후에 선천 삼노회연합회 축하예배에 대한 설교에서 이런 설교를 한다. 즉,

> "나는 조선에 와서 복음 전도하기 전에 황주에서 하나님 앞에 기도하고 결심한 바 있었다. 이 결심은 내가 이 나라에 십

---

12) 졸저, 칼빈주의 사상과 삶,(서울:한국성서협회, 1978), p. 103f. 또한 이상규 "칼빈주의와 한국교회" 풀핏목회(1983)5월호, p. 42. 특히 Alexander와 Charles Hodge 그리고 B. B. Warfield에 관해서는 W. Androw Hoffecker 洪致模譯 프린스톤 神學의 三大巨星(利久出版社, 1983)을 참고할 것. 또한 John C. Van der Stelt, *Philosophy … Scripture, a study in Old Princeton and Westminster Theology*(Mack Pub. Co., 1978)을 참고할 것.

자가의 道외에는 전하지 않기로 오직 하나님의 그 뜻대로, 죽든지 살든지 구원의 복음을 전하기로 굳세게 결심하였다."[13]

라고 했다. 이 내용은 초기 북장로교에서 선교사들의 신앙을 대표적으로 한 말일 것이다. 또한 「神學指南」의 초기부터 많은 글을 썼고 평양신학교의 2대 교장이었던 羅富悅(S. L. Roberts) 박사는 「神學指南」 1권 2호에 "三位一體에 關한 예수의 敎訓"이란 논문을 통해서 칼빈주의적인 입장을 분명히 교리적으로 증명했다. 그러나 그 보다는 2대 교장이 되었을 때 평양신학교의 교리적 근거와 목적이란 글에서 명백히 드러나고 있다. 여기서는 성경의 영감과 무오, 초자연적 기독교에 대하여 강하게 변증하고 있다.[14]

또한 「神學指南」의 제2대 편집인이 된 裵緯良 박사(Dr. W. M. Baird)는 성경공부에 등한하고 영어공부에만 몰두하는 학생들을 질책하면서 "성경보다 영어를 더 소중히 여기는 학생제군의 생각은 완전히 죄요"라고 경고하였다.[15] 또 1896년의 북장로교 선

13) 大說敎全集(韓國基督敎宣敎 100週年紀念(서울:博文出版社, 1974), pp. 518f. 또한 김건호 역대총회장설교(총회교육부, 1955)를 볼 것.

14) *Catalogue of the Presbyterian Theological Seminary of Korea*, For the Year ending(Pyeng Yang, 1923), p. 12, 13. "The Purpose and Doctrinal Basis of the Seminary" 이 글은 교장인 Dr. Robert가 직접 작성하였으며 장로교신학의 골격을 제공해 준다. 이글은 선언문의 성격을 띠면서 7개항목의 교리적인 요점이 정리되어 있다.

15) 김양선, 한국기독교 해방 10년사, p. 174.

교사들에 의해서 채택된 신학교육의 원칙은 첫째, 성신충만한 사람이 되게 할 것, 둘째는 기독교의 근본적인 사실과 신조를 철저히 지킬 것, 세째, 어떤 어려움이라도 견딜 수 있는 훌륭한 그리스도의 정병이 될 것 등을 기본원칙으로 했다.[16] 朴亨龍 박사는 「神學指南」의 초기신학은 보수주의적이고 칼빈주의적인 동시에 그것은 청교도 신학이라고 할 수 있다고 하였다.[17] 청교도 신학은 바로 개혁주의적이며 언약론적 기질을 갖고 있다. 특히 1907년 독노회가 조직될 때 교리문서들을 장로교회의 교리적 표준으로 채용된 것이 이를 뒷바침한다. 또한 남장로교 선교부 출신인 이눌서(W. D. Reynold) 박사는 「神學指南」의 창간호의 첫번 논문기고자로서 "神學辯證論"을 쓴 바 있다. 특히 그는 1924년부터 1937년까지 13년간 평양신학교의 조직신학교수로 봉직한 바

16) L. George Park, *The History of Protestantimission in Korea*, 1832–1910(1929), p. 376.

17) 朴亨龍, *Op. cit.*, p. 13 朴박사는 당시 북장로교 선교부 총무인 A. J. Brown의 말을 인용했는데 1911년까지 한국 초대선교사들을 평하되 "나라를 개방한 이후 처음 25년간의 전형적 선교사는 퓨리탄형의 사람이었다. 이 퓨리탄형의 선교사는 안식일을 지키되 우리 뉴잉글렌드 조상들이 한 세기 전에 행하였던 것과 같이 지켰다. 춤이나 담배, 그리고 카-드 놀이등은 기독교 신자들이 빠져서는 안될 죄라고 보았다. 신학이나 성경을 비판할 때에 이러한 선교사는 강력하게 보수주의적이었으며 그리스도의 재림에 관한 前千年의 견해를 없어서는 안될 眞理라고 주장했다. 高等批評主義와 自由主義神學은 위험한 異端으로 생각되었다"고 하였다. A. J. Brown, *The Mastery of the Far East Scribners*(1919), p. 540. 최근에 이른바 부라운 문서라하여 새로운 정보가 많이 나왔다.

있다. 그의 신학적인 입장은 챨스 핫지(Charles Hodge, 1797-1878)의 조직신학 3권을 중심으로 교수 했고, 같은 남장로교회 具禮仁(Crane) 박사도 「神學指南」에 많은 기고를 하면서 평양신학교에 교수로 일했다. 그는 1937년 처음으로 칼빈주의적인 입장에서 조직신학서를 저술하여 많은 신학생들에게 영향을 주었다.

어쨌든 한국교회에 선교사들을 통해서 이식된 칼빈주의 사상은 19세기말 미국에서 프린스톤신학교를 중심한 칼빈주의 학자들의 영향을 받은 것이며 이것은 다시 화란 칼빈주의사상과 스코틀랜드와 영국의 칼빈주의와 맥을 같이 해왔다고 볼 수 있다. 결국 이런 칼빈주의적인 경향이 평양신학교의 신학적인 입장이 되었는가 하면, 이런 사상이 구체적으로 문자화 되어서 발표되고 학문적인 성장을 촉진하게 된 것이 「神學指南」이라고 할 수 있다.[18)]

B. 牧會와 說敎에 도움을 주는 實踐神學의 강조

「神學指南」의 영문표기는 「The Theological Review, A Theololgica and Homiletic Quarterly」이다. 즉 「神學的이며 說敎學的 계간지」란 부제목이 붙어 있다. 따라서 첫번 편집자인

18) 칼빈주의적인 신학사상이 가장 많이 기고된 것은 역시 「神學指南」이다. 칼빈 또는 칼빈주의란 주제로 다룬 것은 약 60회 정도이다. 이상규편, 한국에서의 칼빈연구 100년(1884-1984), 개혁주의 신행협회(1985), p.21f. 또한 「神學指南」(1983), Vol. 50. No. 4, p. 183f의 색인부분 참고할 것.

왕길지 박사가 밝힌 대로 신학지남의 가장 큰 정신 가운데 하나는 목사들에게 설교에 실제적으로 도움을 주기 위함이었다. 즉 그는 말하기를,

> "吾教會의 牧師들이 每主日 每水曜日에 禮拜堂에서 講說» 時局이 잇스니 此期報는 講道問題나 祈禱會題目에 對하여 幇助 » 려- 目的으로 此第一號에는 折半을 講道部에 屬» 게 » 엿노라"

고 하였다.[19] 당시로는 설교에 대한 자료가 빈곤했던 때였으니 만큼 신학지남에서 제공하는 재료들은 모든 목회자들은 말할 것도 없고 신학생 평신도에 이르기까지 교파를 초월해서 유익했다. 신학지남 초판이 무려 2500부나 인쇄되어 팔린 것을 보면 당시로는 베스트셀러였다.[20] 신학지남의 편집방향이 신학적인 동시에 실천적이었다는 말은 당시의 평양신학교의 교육방침과도 맥을 같이 한다. 평양신학교의 교육목표를 몇가지로 요약하면, 성

---

19) 神學指南, 第一券 第一號, 社說(1918), p.2. 그런데 영문제목의 표기는 1975년 10월 22일 신학지남 편집회의 때 바꾸기로 했다. 그때로부터 신학지남은 *Presbyterian Theological Quarterly*로 바뀌었다. 회의록에는 뚜렷한 이유를 밝히지 않고 있다. 第四回 신학지남 편집회의 회의록, 제4회란말은 1975년도 네번째 회의란 말이고 그전의 편집회의 기록이 없으므로 전체적인 회수는 알 수 없다.

20) 郭安連, 朝鮮예수교長老會 史紀彙集(朝鮮耶蘇教書會, 1933), p. 18. 또한 대한예수교장로회 제7회 회록(1918. 9), p. 25.

경을 집중적으로 연구하는데 헌신하는 신실한 사역자를 길러내는데 있다. 그러기 위해서 성경원어를 배우게 되지만 그보다는 양들을 위해서 생명을 바칠 수 있는 참된 영혼의 목자를 만들어내고 그리스도의 사신들로서 영적, 도덕적, 지적, 사회적 책임을 갖게 하며, 학교는 언제나 신학생들의 개인적 책임과 전도적 사명을 감당하도록 용기를 주는 것이라고 하였다.[21] 바로 이와같은 평양신학교의 매우 구체적이고 실제적인 교육방침이 「神學指南」에 반영된 것이라고 봐야 한다.

우선 평양신학교의 실천신학 과목들을 살펴보자. 설교학, 목회신학, 사회사업과 봉사, 종교교육, 교회정치, 헌법, 전도학, 현대교회의 실제적 문제들, 종교심리학, 선교학, 실천훈련 등 실로 실천신학 전반에 걸친 다양한 커리큐러을 전 학년에 골고루 찾아볼 수 있다.[22] 그러한 평양신학교 내의 실천신학 분야의 관심은 자연스럽게 「神學指南」에 그대로 표출된 것이다. 우선 초창기 신학지남을 살펴보기로 하자. 제1권 1호에는 元杜尤 牧師의 講道, 梁錫鎭 牧師의 講道圖型, 盧仁默, 車亨駿 牧師의 講道圖型, 郭安連 牧師의 記述的 講道(平安함, 土器匠人되신 예수) 講道圖型(男學校 卒業式 講道, 女學校 卒業式 講道, 聖餐設行式 講道), 可用

21) *Catalogue of the Presbyterian Theological Seminary of Korea*(Pyeng Yang, 1923), "The Purpose and Doctrinal Basis of the Seminary." p. 12.
22) *Ibid.* pp. 27-36.

的 本文과 題目, 講道에 引用할만한 譬喩, 牧師의 體鏡 등이다.

여기서 중요한 것은 거의 모두가 설교의 방법과 자료를 제공하는데 주력하고 있다는 사실이다. 여기에 講道 圖型이라 함은 설교계획(Sermon Plan) 또는 요약설교(Sermon Outline)을 의미하는 것으로 실제로 설교에 도움을 주기 위함이었다. 그런데 여기서 한가지 흥미있는 신학적 문제에 대해서는 아직도 교수 일변도였으나 설교문제에 관한 것은 상당수가 한국인 목사들이 기고하고 있었다. 그리고 이러한 편집경향은 1930년 대까지 계속된다. 그런데 당시의 신학지남에 나타난 실천신학 과목들은 실천신학을 학문적으로 다루지는 못했다. 왜냐하면 실천신학의 학문적인 발전은 1960년대 이후이고 보면 그전까지는 목회방법론 또는 설교방법론 정도에 불과했다.[23] 그리고 설교의 방법도 본문설교(Textual Sermon) 또는 강해설교(Expository Sermon) 보다 19세기 미국 등지에서 유행하던 제목설교(Topical Sermon)를 주로 다루었으며 이것이 또한 한국교회가 1세기동안 지켜온 전통이 되고 말았다.[24] 가령 「神學指南」에서 실천신학분야에 수많은 글을 발표했던 郭安連 박사는 설교학자였으나 그 자신은 설교에 그리 능통하지 못했고 설교방법은 늘 제목설교였다.

23) 졸저, 實踐神學概論, (總神大學出版部, 1987), p. 18. 가령 說敎神學(Theologia Homiletica)이라던가 牧會神學(Pastoral Theology)에 대한 신학적 접근이 당시의 상황으로 기대할 수 없는 것이었다.

24) 졸저, 韓國敎會說敎史,(總神大學出版部, 1987), pp. 17-18.

예컨대 마 16:19을 읽고 "천국열쇠"란 제목설교에서 열쇠의 종류를 넷으로 나누어서 대지를 삼고 있다. 첫째는 진리의 열쇠이다. 둘째는 기도열쇠이다. 세째는 친목의 열쇠이다. 네째는 품행의 열쇠이다 라고 했다.[25] 당시에 유행하던 알레고리칼(Allegorical)한 방법이 보인다. 그러나 곽안련 박사의 설교에는 당시에 고난받는 한국민족에게 어떤 결정적인 메시지보다는 순수한 복음, 곧 예수 그리스도의 복음을 믿어야 할 것을 가르쳤다. 그의 설교내용 중에는 당시의 사회상의 문제점을 고발하고 거기서 뛰어나와 예수 그리스도의 복음을 믿을것을 권고했다. 그의 설교 가운데는,

> "此世上 滋味에 對하여 사단의 引導함으로 平安함을 受을 수 有스나 諸般酒色雜枝와 鴉片遊戲에 沉惑되어 必竟敗家亡身의 慘酷한 殃禍을 言할 수 無시 受는 거시오. 예수 平安함을 得은 後에는 如許한다 없이 安樂의 亨할 거시라"

는 대목이 있다.[26]

---

25) 神學指南 第二券 第一號, (1919), pp. 103f.

26) 神學指南 第一卷 第一號, (1918), p. 108. 郭安連박사의 神學指南에 기고한 글을 위한 자세한 통계자료는 金得龍박사의 글 "實踐神學 教授 部安連博士에 關한 小考" 神學指南, 第五二卷 第一號(1985), pp. 85-86.에서 각주 77, 78, 79, 80, 81, 83, 84를 참고할 것. 郭 박사는 22년 동안 약 70편에 가까운 논문들과 설교를 발표하였다.

한편 富斗一(W.R. Foote) 박사는 "趣味있는 講道"(Interestin Preaching)[27] "實效있는 講道의 要素"[28]란 글에 당시 평양 신학교 교수들이 이해했던 설교관을 엿볼 수 있다. 즉,

> "…講道는 實踐을 爲主하나니 實踐的 結果를 要치 않는 講道는 虛僞니라"

라고 함으로서 설교는 단순히 허공치는 논리나 이론이 아니고 실제적으로 영혼과 삶이 하나님께 가까이 가도록 해야 한다는 것이다. 같은 맥락에서 부두일 박사는 다음과 같이 말하고 있다.

> "福音을 알지 못하는 冷冷한 人中에 敬虔은 牧師의 心中에서 神靈한 火를 穌醒케 하야 聽衆에게 親愛함을 受하나니라"

고 하면서 설교자에게 있어서 경건의 중요성을 강조하기도 했다. 그는 효과적인 설교자가 되기 위해서는 경건, 재능, 학식, 숙련 등 네가지로 나누었다. 또 富斗一(W.R. Foote) 박사는 앞서 말한 "趣味있는 講道"에서 설교의 준비를 다음과 같이 말하고 있다. 즉, 첫째 성경을 연구할 것, 둘째 신학을 연구할 것, 셋째 시대를 연구할 것, 넷째 각 개인의 정황을 잘 살펴볼 것, 다섯째 우리가

---

27) 神學指南, 第四卷 第一號(1921), p. 81.
28) *Ibid.*, p. 82.

생활하는 시대형편을 잘 알 것, 여섯째는 자기를 알 것이라고 했다.[29] 또 그는 설교자가 성경을 해석해야 할 태도에 대해서 다음과 같이 말하기도 하였다. 즉,

> "講道하는 者는 聖經을 解釋할 때에 異常하게 想像的으로 하지 말고 默示의 뜻을 正確히 解釋할 것이요…"[30]

라고 말함으로서 설교의 기초는 바로 성경해석에서 기초해야 됨을 말한 바 있다. 어쨌든 「神學指南」에서 실천신학에 대한 비중은 상당하였다. 1918년부터 1983년까지를 살펴봐도 설교학에 대한 것이 50여편의 논문, 기독교교육에 대한 논문이 46편, 목회에 대한 논문이 48편, 목회상담에 대한 논문이 19편, 전도 및 선교에 대한 논문이 54편, 교회 정치 등이 16편이었다.[31] 그러나 최근에 와서는 목회적이고 실천적인 관심보다는 이론적인 신학에 편중된 감이 없지 않다. 아마 그 이유로서는 자유주의 신학에 대한 변증 또는 최근의 새로운 신학운동에 대한 변증 등으로 신학 일변도로 기울어진 감도 없지 않다.

---

29) 神學指南, 第一卷 第二號(1918), pp. 101-106.

30) *Ibid.*, p. 102.

31) 神學指南, 第五十卷, 第四號(1983) "神學指南論文 總索引"(1918-1983) pp. 181f.

III. 「神學指南」의 發展과 神學的 討論

신학지남이 발전하기 시작한 것은 1930년대부터이다. 그 말의 의미는 1920년 말에 미국과 일본에서 막 귀국한 젊은 신학자들이 한국 교회에서 일하기 시작했다. 이때는 교계의 지도자 황금시대라고 할만하다. 특히 1927년에는 미국에서 돌아온 南宮爀 박사가 한국인으로서는 최초의 교수가 된다. 바로 그해에 朴亨龍 박사(당시 전도사)가 미국으로부터 귀국해서 신학지남의 기고자가 된다. 또 같은 때 蔡弼近 목사가 신학지남의 논설 부분과 종교철학 등에 기고하기 시작하였다.[32] 이와 같은 일련의 분위기는 결국 신학교의 교수들에게 학문적인 의욕과 경쟁을 불러 일으키게 되고 신학발전의 촉매제가 된다. 더구나 1928년 南宮 爀 박사가 편집인이 됨으로써 발전과 도약의 계기가 마련된다. 또 신학교 개교이래 南宮 爀, 李聖徽 두 교수가 채용됨으로써 문서사업은 서양선교사 주도에서 자연히 한국인의 순으로 넘어온 셈이다.

---

32) 이때를 전후해서 全弼淳(1925, 일), 백낙준(1927, 미), 柳瀅基(1927, 미), 咸錫憲(1927, 일), 金敎臣(1927, 일), 金活蘭(1925, 미), 鄭仁果(1924, 미), 金觀植(1920, 미) 등 한국교회사를 움직인 쟁쟁한 인물사들이 귀국하게 된다. 尹春炳, 韓國基督敎新聞雜誌百年史(KCLS, 1984), p. 58.

A. 「神學指南」의 편집형식의 발전과 새 집필진

1928년 1월에 새로운 편집주간(Editor in Chief)을 만난 신학지남은 지금까지 선교사 일변도의 방식에서 벗어나서 새롭게 움틀거리기 시작했다. 그래서 이제는 어도만(W.C. Eerdman) 박사와 이눌서(W.D. Reynold) 박사가 보조편집인의 자리에 앉게 되었다. 한국인으로서 최초의 신학교 교수요, 최초의 한국인 신학지남의 편집인이 된 南宮 爀 박사는 새로운 며ㅁ모를 보이려고 하였다. 우선은 계간지를 격월간지로 바꾸고 인쇄를 미려하게 색채를 입히고 많은 사진과 삽화를 넣기도 했다. 우선 잡지의 짜임새를 살펴보면 이렇다. 권두언, 논문, 토의, 전기, 실천, 강해, 평양신학교 소식, 편집후기 등이었다. 의욕적으로 발전한 것은 사실이나 신학 전문지보다는 일반기독교 잡지를 닮는듯한 인상을 남겼다. 특히 토의란에는 「現下朝鮮敎會不振原因及對策」이란 큰 제목으로 姜炳周, 金弼秀, 金聖鐸, 李學鳳, 金永考, 金京河, 丁一善, 梁甸伯, 李晳洛, 崔志化 등 당시로서는 중진들을 합석시켜서 대담한 내용을 싣고 있다. 매우 개방적이고 혁신적인 일이었다. 특히 「실제」란에는 기왕에 강조해왔던 설교재료 뿐만 아니로 "萬國主日工課要義"라든가 숨은 이야기, 국제정세 등도 알리고 있다.[33] 특히

33) 神學指南, 第十卷 第一號(新年號), 目次.

독자의 질문란을 특설해서 성경의 난제에 대한 해답을 주는 형식도 있었다. 그리고 기고자도 반드시 신학교수 뿐만 아니라 사계에 유능한 학자와 설교자들의 옥고를 받기로 개방하는가 하면, 가능한한 言文一體로 하기로 했다. 그래서 과거까지 있었던 영어 번역 때 느끼던 매끄럽지 못한 문장들은 잘 정돈되고 산뜻한 인상을 주게 되었다.[34] 그러면 南宮 爀 박사의 "새 活動線上에서"라는 권두언을 살펴보기로 하자.[35]

> "…舊가 업스면 엇지 新이 잇스며 變이 업스면 엇지 成이 잇스랴 우리 半島神學界의 指南이며 眞理啓發의 重任을 唯一한 任務로한 本報는 임의 九個星霜을 지나는 동안 讀者諸位의 多大한 사랑을 닙엇스며 ㅏ라서 多少間裨益을 敎會에 깃쳣다 하겟다…. 本報도 亦是 此原理에 依하며, 時代의 要求에 順應하야 新面目을 가지게 되엿다. 編輯人이나, 內容이나, 文章의 體裁나, 精神이나, 紙質이나, 印刷이나, 무엇무엇 할 것 업시 모조리 새롭게 ―며 가지고 新年을 마지하게 되엿다."

라고 선언했다. 그러나 이런 혁신적인 편집의도는 후일에 신학지남에 이른바 自由主義와 保守主義 사이에 논쟁이 일어나게 되었고 신학지남 초기 10년 동안 지켜왔던 실천신학 분야가 약화되는 듯 했다. 이때 영문 표기는 그냥 The Theological Review로

---

34) *Ibid*. 또한 朴亨龍, "신학지남 50년", 第三十五卷 第一號(1968), p. 5.
35) *Ibid*. p. 1. 권두언.

바뀌게 되었다.[36] 물론 이때로부터 서양 선교사들의 글보다 본국인들의 논문이 눈에 띄게 많이 실리게 되고 성경강해가 여러편 실리고 새로운 활자가 사용되었다. 지면은 전보다 줄어 들었으나 작은 활자를 사용했기 때문에 오히려 내용과 양이 이전보다 더욱 충실해진 것이다. 그리고 다시 한번 신학지남의 목적과 방향을 설정을 하고 있다. 특히 神學指南社 편집부 일동이 올리는 제10권 1호에 대한 자신들의 입장을 천명하는 글이 광고란에 실리고 이것을 또한 영역하여서 대내외에 신학지남의 입장을 널리 밝히고 있다. 즉,

> "本報 第十卷 第一號을 發行함에 際하야 編輯部員들은 讀者諸位-ㅇ特別한 問安을 드리나이다. 여러분이 임의 아시는 바와 갓치 本神學指南은 朝鮮예수教長老會神學校教教授會에서 經營하는 것입니다. ‡G는 往往 時代問題에 關한 論說等을 들어 牧師, 神學生及一般教役者帝位를 幇助코져 함에 잇습니다. 本教授會의 注意하는 바는 本報가 一般普通的 讀物이 되기 보다도 本神學校에셔 임의 始한바 牧會上 又는 神學的 研究를 繼續케 하야 "하나님의 사람으로 完全케 하며 모든 善한 일 行하기에 完全케 함(딤후 三○十七)에 잇습니다……"[37]

---

36) *Ibid*. 뒷표지.

37) *Ibid*. 광고란.

라고 함으로써 신학지남의 편집, 체제를 일신하고 새롭게 하지만 그 정신의 첫 출발 때의 그것과 꼭 같다는 주장이다.[38)]

B. 신학지남의 신학적 발전

앞서 말한 바와 마찬가지로 1928년 南宮 爀 박사가 편집인으로 취임하자, 자못 활기차게 신학지남이 출판되었다. 특히 일본 동경대학교에서 철학을 연구하고 돌아온 蔡弼近 목사와 미국 프린스턴 신학교를 졸업하고 돌아온 朴亨龍 목사 등이 논설 등 종교철학, 변증학 관계의 논문을 제공하여 신학계의 이목을 집중시켰다.[39)] 특히 朴亨龍 목사는 1930년 신학교의 교수가 되고 그 이듬해 편집부원으로 임명되어 조직신학 분야에 많은 논문을 썼다. 그리고 이눌서(Reynold) 박사도 여전히 조직신학 분야에서 논문을 썼으며 남궁 혁, 나부열, 어도만, 李聖徽 목사 등은 성경강해

---

38) 이에 대한 영문표기는 다음과 같다. 일부를 소개하면 "As you are aware the Theological Review is Published by the Pfaculty of the theological Seminary of the Presbyterian Church in Korea. It's purpose is to assist Pastors, theological students and church workers by giving expositional, devotional and impirational and inspirational material together with occasional articles dealing with current questions of the day. It's editional policy is determined by the doctrinal standards of the Seminary…….

39) 朴亨龍, "神學指南의 韓國神學史的 意義", 神學指南 第四二卷, 第四號 (1975), p. 17.

로, 곽안련 박사는 초창기 때와 마찬가지로 설교학, 목회학, 종교 교육 방면의 논문을 발표하였다.[40] 그런데 이 가운데도 권두언의 내용들은 장로교회와 평양신학교의 정통신학의 입장을 보다 확실하게 보여주는 지남침의 역할을 해낸 셈이다.

또한 이때에 정통신학을 파수하면서도 무게 있는 논문들이 많이 나왔다. 예컨대 이눌서 박사의 「贖罪」[41]를 들 수 있다. 그는 여기서 속죄의 필요, 속죄의 성질, 속죄의 효과 등을 열거하면서 정통주의 신학을 변증하였다.

또 왕길지 박사가 번역하여 내어놓은 "聖神을 派送하심"(the sending of the Holy Spirit by Christ)[42]은 1920년대의 성령론을 이해하는데 도움이 될 것이다. 그 외에도 朴亨龍 박사의 「宗教論」(1937), 「게노시스 기독론」(1933)도 무게 있는 논문이다. 물론 이보다 앞서 1924년(6권 4)에 구세군의 야마무로 군베이(山室軍平)의 「公娼제도 폐지와 그 선후책」이라는 글을 발표해서 당시의 사회적 상황에 민감하게 대처했는가 하면, 1930년(12권 4.6)에는 金麟瑞 목사가 「無教會主義者 內村鑑三」을 발표하자 여기에 반론을 제기하는 글이 金教臣에 의해서 聖書朝鮮에 몇차례

40) 朴亨龍 박사의 경우 神學指南에 총 73편의 논문을 실었다. 그리고 이눌서 박사는 35편의 논문과 10편의 번역문을 싣고 있다. 그리고 남궁혁 박사 52편 논문을 神學指南에 기고하였다.

41) 神學指南, 第十卷, 第三號, (1928), p. 19f.

42) *Ibid*. 第十一卷, 第二號, (1929), p. 7f.

발표되기도 하였다.[43] 특히 흥미있는 편집은 앞서도 지적했듯이 남궁 혁 박사가 편집인이 되고 첫작품으로 내어놓는 10권 1호에 「現下朝鮮教會不振의 原因과 그 對策」이라는 제목하에 10분의 교계명사들이 대답한 내용을 그대로 실은 것이다. 가령 풍기에서 일하는 강병주 목사는 두가지로 대답했는데 첫째는 교역자의 무성의이며, 두번째는 평신도의 신앙불충실에 있다고 하였다. 즉,

> "요새 京鄕을 勿論하고 教會內 靑年들은 말하기를, 우리가 教役者가 講壇에서 說教함을 보면 그 內容이 貧弱하고 그 材料는 數十次式 드른 陳腐한 말을 날마다 되풀이하야 世上事에 苦悶하다가 教會에 가서 慰安을 밧고저 하여스나 도려혀 쓸데없는 말을 一時或一時半式 느려노와 慰安을 엇기컨영 도로혀 反感만 잇게 된다"

라고 하였다.[44] 60년전의 진단이나 오늘의 진단이나 다름이 없는 예리한 대답이다. 그 외에로 많은 명사들이 예지가 번득이는 명쾌한 대답을 함으로써 신학지남은 교역자 뿐만 아니라 일반 평신도에게도 매우 흥미있는 잡지가 되었다.[45]

---

43) 基督教大百科事典, 第十卷(기독교 교문사, 1980), p. 521.

44) 神學指南, 第十卷, 第一號, (1928), p.28f.

45) 1924년 감리교 신학교잡지인 神學世界(9월호, pp. 40-44)에 처음으로 김인영씨가 「宗教改革者 요한칼빈」이란 글을 발표하였다. 적어도 이 글이 한국교회에 칼빈을 소개한 첫번 작품이었다.

특히 1937년에서 1940년까지는 〈칼빈주의〉니 〈개혁주의〉니 하는 제목이 비로소 논문으로 나오기 시작한다. 물론 그전에는 이런 용어 자체를 쓰지 아니했다. 그러니 이땅에 복음이 들어온지 반세기가 지나서 그리고 신학지남이 출생한지 20년만이 〈칼빈주의〉란 말이 쓰이게 된다. 이는 이미 당시 자유주의 사상으로 말미암아 교회 안에 상당한 사상적인 동요가 일어나는 와중에 하나의 대안으로 제시되었고 관심을 불러 일으켰다. 물론 신학지남 1934년(제16권, 통권 76호)에 칼빈 특집호를 내서 프로테스탄트의 핵심적인 인물인 요한 칼빈(John Calvin)을 다루고 있다. 그리고 1937년 咸日敦(Hamilton) 목사가 비로소 〈칼빈주의〉란 제목하에 세차례에 걸쳐서 연재하고 있다.[46]

그러면 이 기간에 신학지남에 발표된 칼빈 또는 칼빈주의에 대한 이해가 어떠했는가를 살펴보기로 하자. 1934년 7월호, 神學指南은 최초로 칼빈특집을 싣고 있다.[47] 그후에 咸日敦의 「칼빈주의」(1937년 9월), 金泰默의 「칼빈신학에 있어서의 예정사상의 의의」(1938년 11월) 南宮 爀의 「칼빈의 사상」(1939년 1월),

46) 1937년 7, 9, 11월호에 싣고 있다. 같은 해에 朴亨龍 박사는 미국의 조직신학자 L. Boettner박사의 *The Reformed Doctrine of Predestionation*을 우리 말로 "칼빈주의 예정론"(미인쇄물)이라고 칭했다. 그후로부터 한국교회에서는 칼빈주의란 말의 의미를 예정론과 거의 동일시하게 된 것이다.

47) 1962년에 신학지남이 칼빈 특집을 내었는데 이것은 두번째에 해당한다.

48) 1940년 9월호로 신학지남이 일제치하에서 종간된다.

朴亨龍의 「칼빈주의와 신칼빈주의」(1940년 9월호)[48] 등이었다.

우선 이눌서의 「칼빈神學과 그 感化」를 보자. 그는 조직신학자로 칼빈과 칼빈주의에 대하여 비교적 자세히 논하고 다음과 같이 칼빈주의를 정의하였다.[49] 즉,

> "칼빈主義(Calvinism)라는 語는 狹義와 廣義의 두가지 뜻에다 適用되는 것이나 狹義로 쓸 때는 基督敎原論(Institutes)에 나타난 칼빈의 敎理的 體系를 意味하는 것이며 廣義로 쓸 때는 바울, 어거스틴, 칼빈의 가르친 敎理의 特點……"

이라고 지적하면서 그것을 칼빈주의의 5대 교리라고 설명하였다. 그리고 칼빈주의 교리의 특징을 설명할 뿐 아니라 칼빈主義의 善한 感化를 개인생활, 가정생활, 교육 등으로 나누어서 설명하고 있다. 또 남궁 혁 박사는 「칼빈神學과 現代生活」이란 주제하에서 칼빈주의를 이렇게 이해하였다.

> "大體 칼빈主義(Calvinism)란 何를 云함인가 워필드 博士의 言에 依하면 此語에 적어도 三意가 있다. (1) 칼빈個人의 敎義 (2) 좀더 廣義로 歷史上으로 본 루터의 改革敎會와 區分한 反抗敎會(protestant church)에서 公認한 敎義體系 又는 그보다도 宗敎改革時代 以來로 各世代를 通하야 내려오는 칼빈

---

49) 神學指南 第十六卷, 第四號, (1934), p. 49.

信條에 對한 狀嚴한 科學的 解釋인 것만치 칼빈敎會의 總稱. (3) 그 보다도 일층 廣義로 요한 칼빈의 大思想의 影響을 받아 宗敎改革 時代以後 各反抗敎會 領域에 있어 神學, 道德, 哲學, 社會, 政治 各方面에 뻗어 人類思想界에 一大表狀을 줄뿐 안히라 人類生活上에 있어 一般文化民族의 社會上秩序와 各國家의 正體組織 및 大表狀이라 하였다."[50]

고 하였다. 한편 朴亨龍 박사는 「칼빈主義와 新칼빈主義」란 제목의 글을 실었으나 이것은 카나다 몬트리올 장로교대학의 W. 하비젤리 교수의 논문을 초역해서 싣고 있다. 어쨌든 신학지남의 관심사는 1930년 후반부터 본격적으로 칼빈주의 또 개혁주의 사상에 대해서 연구와 토론이 활발히 되어진 것이다. 이것이 한국교회가 칼빈주의 사상의 바탕에 든든히 서게 된 이유이다.

C. 神學指南과 自由主義神學의 도전

한국교회는 초기 50년간의 정통주의를 지켜 왔으나 선교 50주년이 되는 1934년을 기점으로 해서 자유주의 신학의 강한 도전을 받는다. 때마침 미국과 일본등지에서 유학을 마치고 돌아온 인사들이 학교와 강단에 섰고, 그리고 새로운 자유주의 입장의

---

50) *Ibid.* p. 2.

서적으 과감히 번역하고 신문잡지 등에 기고하기 시작하였다.[51] 그때까지만 해도 자유주의 운동은 드러내어놓고 주장하는 일이 없었으나 1934년 총회에서 문제 제기를 하게 된다. 그 내용은 이렇다. 제23회 총히에 제소된 창세기 저자문제와 여권문제는 성경의 고등비평과 자유주의 신학이 전교회적으로 문제화된 최초의 사건이었다.[52] 창세기 저자문제는 서울 남대문교회의 金英珠 목사의 이른바 모세의 창세기 저작부인에 대한 姜炳周 牧師가 총회에 문의한 것이 발단되었다. 그리고 女權問題는 基督申報 第977호에 기재된 성율중앙교회 金春培 목사의 「장로회총회에 올리는 말씀」이란 제목 아래 여자는 조용하라. 여자는 가르치지 말라는 것은 2000년전의 일개 지방교회의 교훈과 풍습일 뿐이요 만고 불변의 진리는 아니라고 언급한 논설이 총회에서 제소가 됨으로써 발단이 되었다. 총회는 앞서 제소된 두 문제의 해답을 위한 연구위원으로서 라부열 박사, 박형용 박사 등 신학교 교수들

---

51) 그러나 李章植 교수는 한국에 있어서 칼빈주의자로 자처하는 보수교회가 에큐메니칼 정신과 운동에 소극적이었으므로 칼빈주의자들이 장로교 분열의 원인이라고 주장했다. 李章植, "칼빈의 宗教改革과 韓國長老教會", 基督教思想(1978. 10월호), p. 51.

52) 이미 1916년에 황해노회의 김 장호는 벌써 북장로교소속 공위량(Kerr)선교사의 가르침을 받아 자유주의적인 설교를 했고 이것으로 공이량은 본국으로 추방되고 김장호 목사는 제명 처분되었다. 김장호는 이에 불복하고 만주 길림신학교를 세웠으며 이른바 朝鮮基督教會를 세웠다. 프린스턴 신학교가 완전히 자유주의 신학으로 개편된 것은 1929년인데, 이미 그전에 미국의 자유주의 운동의 대지도자 포스딕(Fosdick)의 책이 우리말로 출판되었다.

을 중심해서 구성하였다. 그 다음 총회에서 그 위원회의 보고를 만장 일치로 가결했는데 그 내용은 이렇다 "모세의 창세기 저작을 부인하는 목사는 「우리 교회의 교역자됨을 거절함이가」하다는 것이다. 그리고 여자교권을 주장하여 성경을 해석하는 교역자는 권징조례 6장 42, 43조에 의해 처리할 것, 「서영의 파괴적 비평을 가르치는 교역자들과 성경을 시대사조에 맞도록 자유롭게 해석하는 교역자들은 우리 교회 교역계에서 제외하기」로 결정하였다.[53]

총회의 또 다른 처리건은 감리교에서 출판한 아빙돈성경주석 번역사건이다. 이 주석은 자유주의적 입장에서 쓰여진 주석인데, 장로교 교역자 몇분이 참여하게 되었다. 총회는 이들에게 성명을 내게학 그 책이 재판될 때는 문제된 집필자들의 글을 빼겠다고 약속할 것과 유감의 뜻을 표할 것을 명령할 뿐 아니라 장로교인으로서는 그 책을 사보지 못한다는 금령을 내렸다. 그런데 「성경단권주석」 번역에 참여한 장로교 인사 중에 「神學指南」 정규 기고자 세분이 들어 있었다. 채필근 목사는 총회의 명령에 순종하였으나 宋昌根 등은 주장하기를 성경단권주석은 기독교 교리에 위반되는 것이 아닌데 총회가 이 번역사업을 탄압하고 신학의 자유를 탄압한다고 맞섰다. 이로 말미암아 관련된 인사들이

53) 金良善, 韓國基督敎解放十年史(總會宗敎敎育部, 1956), p. 178.

다시는 신학지남에 기고할 수 없게 된 것이다. 결국 南宮 爀 박사의 신학지남에 대한 쇄신, 개방 이상정책은 벽에 부딪치게 되었다.[54] 남궁 혁 박사가 새로 채용한 기고자들 송창근, 채필근, 김재준 목사 등은 일본과 미국 등지에서 새로운 신학사상에 심취해 있었으므로 그들의 신학지남 기고는 잔잔한 연못에 돌을 던지는 듯한 파장을 일으켰다. 물론 채필근 목사는 온건한 자유주의자로서 자유주의와 정통주의의 평화공존을 주장하는 정도였다. 그러나 송창근 목사와 김재준 목사는 점점 그들의 신학사상을 전면에 내세우고 정통주의에 대한 불평과 자유주의 사상을 펴기 시작했다. 송창근 목사는 설교나 엣세이를 자주 발표했는데 그 중에서도 「感激의 生活」이 문제가 되었다. 이것은 교계평론의 글이다. 거기서 그는 주장하되 전통신학자(신비주의자, 경건주의자, 교권

---

54) 당시를 金在俊 박사는 다음과 같이 회상하고 있다. "1933년 가을부터 當時 平壤神學校 기관지인 「神學指南」에 특별 寄稿者로 蔡弼近, 宋昌根, 그리고 筆者가 위촉을 받게 되었다. 편집책임자인 南宮 爀 博士님의 알선으로 영예를 가지게 된 것이다. ……결국 특별기고자로서의 세사람은 그 특권을 상실함과 동시에 例의 단권성경주석건에 대한 성명서를 내라는 독촉이 자심해졌다. 그때까지도 宋昌根, 韓景識, 筆者 三人은 성명서를 내지 않고 견뎌 왔었기 때문이었다. 필경 筆者의 기초로 三人連名하여 「神學指南」에 성명서를 발표하였다. 그 성명서란 이것이었다.

① 우리는 전체 편집에는 전혀 관여한 바 없습니다.

② 우리가 쓴 글의 내용에는 아무 문제될 것이 없습니다.

③ 이 책의 출판이 교계에 파문을 일으키게 된데 대하여 유감의 뜻을 표합니다. 三人連署 長空 金在俊 著作全集 1. 論文(1) 韓國神學大學出版部, (1971), pp. 178-179.

주의자 등)을 모조리 통열히 비난하였다. 정통이 밥통이라는 말로 서두를 꺼내어 “예배당을 지어야겠습니다. 목사 주택을 지어야겠습니다. 그러니까 부흥회를 열어야 겠습니다. 성신이여 강림하사! …… 그대들은 성신이 그대들의 小使인줄 아느냐? 云云 등등의 표현은 이른바 기성교회에 충격을 던지는 것이었다.

한편 김재준 박사는 신학지남에 기고하면서 학술적이며 주로 구약에 관한 논제들을 다루었다. 그의 입장은 처음부터 자유주의 신학의 입장과 고등비평의 입장을 견지하였다. 그가 쓴 중요한 논문들은 「욥기에 나타난 靈魂不滅觀」(1933. 5), 「傳記的으로 본 예레미아의 내면 생활」(1933. 9), 「이사야의 임마누엘 豫言研究」(1934. 1), 「뿍맨運動과 그 批判」(1935. 1) 등이다. 그는 예민한 구어체 필자로 독자들을 사로 잡았다. 그러나 그의 입장은 용납되지 않았다. 결국 이로 인해서 평양신학교와 총회신학교의 맥을 잇는 역할을 한 보수주의 신학의 대표자인 朴亨龍 박사와 대신학 논쟁을 일으키게 된다.[57)]

결국 한국교회의 논쟁은 신학의 문제였고 신학의 문제는 신학지남과 맥을 같이 해온 셈이다. 결국 위의 자유주의를 표방하는

---

55) 神學指南, 第四二卷, 第四號(1975), p. 19. 이것은 채필근의 신학지남 1933년 1월호에 연제된 “迷路에 彷徨하는 自由主義信徒에게”에 주장한 내용임.

56) *ibid.*, (1935).

57) 金良善, *ibid.*, pp. 191f. 또한 孫世一編, 韓國論爭史歷史 I, 歷史, 宗敎, 哲學篇(청염문화사, 1976), p. 203f.를 볼 것.

인사들은 신학지남에서 몰려가고, 박형용 박사를 중심해서 정통 신학의 맥을 잇는 잡지로 굳게 서게 된다. 그러나 그후 몇년이 못 가서 오랜 세월 동안 정간하게 된다. 일제가 신사참배를 강요하고 나서자 평양신학은 1938년 6월 8일 하기방하그로 폐문하므로 신학지남이 설곳이 없었다. 신학지남은 악전 고투끝에 1940년 10월 25일 제22권 제5호를 끝으로 정간의 비운을 삼키게 되었다.

IV. 「神學指南」의 復刊과 새출발

A. 새로운 분위기

일제는 물러가고 1945년 8월 15일 광복을 맞는다. 그러나 닫혔던 평양신학교의 문은 열리지 아니했다. 남쪽에서는 신사참배 반대를 하다가 출옥한 성도들이 중심되어 고려신학교가 설립되었고, 1948년 남산에 장로회신학교가 서립되었다가 1951년에 장로회 총회신학교로 다시 설립되어 전통적인 정통신학을 세우기로 하였다.[58] 1·4후퇴 때 북한에 있던 교역자들과 평양신학교

58) 神學指南, 第四二卷, 第四號, (1975), p. 24.

에 재학하던 학생들이 총회와 신학교로 편입하고 옛 평양신학교의 교수들이 중심이 되어 총회신학교를 평양신학교의 재건 신학교로 출발했다.[59] 1953년 38회 총회에서 조선신학교(현 한신대학)가 총회에서 이탈하여 신학과 교회의 아픔은 컸다. 그러나 장로회 총회 안에서도 신학적인 논쟁의 불씨는 그대로 있어서 언제 다시 불붙을지 알 수 없었다. 이런 와중에 신학지남은 1954년에 복간된다. 朴亨龍 박사는 그 감회를 다음과 같이 기술하고 있다.

> "그後 十三年 세월은 지나 이제 本校의 學報로서 續刊되게 됨은 하나님의 異常한 攝理의 所致인 同時에 우리 敎會의 큰 慰安이리라 茫茫 大海에서 般集의 正路를 가리키는 指南針 같이 혼란한 思像的 環境에서 神學의 正路를 가리키던 「神學指南」이 十三年間 作動을 쉬었을 때 愛讀者 諸位는 마음에 애타는바 있었을 것이다. 그러나 神學의 指南針은 이제 다시 일어나 神學의 正路를 가리킴에 役事한다. ……이와 같이 神學의 指南針도 俗世의 풍진과 時局의 雲霧 때문에 얼마동안 수난하였으나 마침내 재기하여 움직인다. ……"[60]

라고 하였다. 그러나 총회신학교와 신학지남은 새로운 도전을 맞

---

59) *Ibid*.

60) *Ibid*, 第二十三卷, 第一號(1954), 복간호. p. 2. 당시의 목차를 보면, 朴亨龍, 「聖經觀의 諸相」, 權世烈 「그리스도의 名稱」, 明信弘 「칼빈주의의 根本精神」, L. Berkof. 桂一勝역 「神學思想의 最近傾向」, 朴亨龍 「골로새書의 現代的 敎訓, 韓國基督敎史 年代表」 등이다.

게 된다. 조국 광복이 되고 선교사는 돌아왔으나 선교초기에 이 땅에 와서 순수한 복음적이고 청교도적 신학사상을 증거하던 선교사는 적어진 반면에, 본국 교회들이 W.C.C.운동에 가담함으로써 자유주의 운동을 지지하는 새로운 선교사들이 대거 한국으로 오게 됐다. 새로운 선교사들은 교회의 지도자들과 밀착되어 있어서 에큐메니칼 운동은 교회 내면 깊숙히 들어오게 되었다. 미국 선교사들과 관계된 모든 기관들은 그들의 수하에 있었다. 교육기관, 자선기관, 의료기관, 문서기관 모든 것들은 에큐메니칼 운동과 연계되었다.

한편 박형용 박사를 위시해서 전통적인 보수신학과 평양신학의 사상을 이으려는 보수주의자들은 이에 반대하고 나섰다. 그래서 1959년 44회 총회에서 에큐메니칼 운동을 지지하는 목사, 장로, 선교사들이 교회를 이탈하고 이른바 통합측 교회를 조직하고 신학교를 따로 세웠다. 그리고 신학교가 갈라질 때 총회신학교에 잔류한 교수는 朴亨龍 박사 明信弘 박사 두 교수였다. 이런 신학교 안의 내우외환은 신학지남의 성장을 더디게 하였다. 고난 중에 다시 복간한 신학지남은 1962년까지는 매년 한권정도를 출간함으로 그 명맥을 유지하였다.[61]

61) 1956년 1957년은 발간하지 못했으며 1962년 년는 칼빈특집을 마련했다.

B. 「神學指南」의 活性化

총회와 신학교는 이른바 에큐메니칼 신학논쟁과 교회 분열의 아픔이 상당히 오래갔다. 그 와중에서도 1960년 총회신학교는 남산에서 용산으로 옮기고 교수진이 점점 보강되어 갔다. 교수진의 보강과 교회의 정치적 안정이 바로 神學指南의 발전과 직결되어 있었다. 1962년에 총신교수진은 황금기를 맞는다. 한때 고려신학교와 합동함으로 기왕에 있었던 박형용, 명신홍 두 교수를 비롯하여 오병세, 홍반식, 이근삼 교수를 비롯해서 박윤선, 이상근 교수가 보완되고 미국 정통 장로교회 소속의 간하배(Harvie Conn) 교수도 취임했다. 1965년을 전후해서 교수진은 보강되고 새힘을 얻게 된다. 그리고 그해 총신의 교사는 다시 사당동으로 옮기게 되었으며, 1964년 문화공보부로부터 등록번호 제 마-38호로 다시 등록하였다. 이때로부터 신학지남은 명실공히 계간지로서 내용도 충실하고 체제에 있어서도 발전하였다. 1967년 간하배 교수가 논문을 발표하면서부터 논문에 각주(footnote)를 다는 논문들이 나오기 시작했다. 이것은 신학지남의 보다 깊은 학문적 도약을 하는 계기가 된다.[62] 또 간하배 교수는 「한국교회 신학연구」라는 시리즈로 매우 무게 있는 논문을 발표하였다. 그

---

62) 물론 60년대 전까지는 모든 학술잡지에도 footnote를 다는 것이 흔하지 않았다.

리고 박윤선 박사가 언제나 성경해석에 대한 무게 있는 논문을 싣고 박형용, 박아론 박사 등이 조직신학과 변증학에 대한 좋은 논문을 썼고, 김의환 교수 등은 시사성 있는 주제를 발표하기도 하였다. 그리고 「1967년 신앙고백 특집」 등을 냄으로써 에큐메니칼적인 발언을 강화했다.[63] 그리고 1970년대 와서 신학지남은 안정권에 접어들고 몇가지 특집들이 있었다. 1971년 봄호에는 「개혁주의 성광관 논쟁」이란 특집을 발간했고,[64] 1974년 겨울호에는 「韓國敎會와 宣敎運動」이라는 특집을 내었다.[65] 이때는 교

---

63) 神學指南 第三十四卷 第三號, (1967. 9) 기고자는 다음과 같다.
신내리 : 웨스트민스터 신도개요의 불변적 권위
박형용 : 신구 신도계요의 大相異
박윤선 : 1967년 신앙고백은 어떤 것인가?
김희보 : 1967년 신앙고백과 우리의 입장
간하배 : 1967년 신앙고백에 있어서 성경관
김의환 : 1967년 신앙고백의 신학적 배경 클라우니 : 다른 기초 등이다.

64) 박윤선 : 성경의 권위
김의환 : 칼빈의 성경관
C. Van Til : 개혁주의 교회의 영감론
K. Runia : 칼빨트의 성경관 비판
간하배 : 성령의 사역 등이다.

65) 김의환 : 八十年代를 향한 한국교회의 선교운동
조동진 : 宣敎의 聖書的 根據
김명혁 : 하나님의 선교와 복음주의 선교
손봉호 : 선교와 사회정의
한제호 : 宣敎國과 被宣敎國의 관계
윤두혁 : 오늘의 세계 복음화
홍정길 : 한국선교의 제문제

수회원 이외에 외부인사들의 투고가 많았다. 또 1975년 여름에는 「韓國敎會와 異端運動」이란 특집이 있었다. 그후 신학지남의 특징은 특별한 신학적인 이슈가 없었으나 신임교수들의 연구활동으로 새로운 논문들이 많이 쏟아져 나왔다. 1980년대 들어와서 발전을 계속하다 1987년 겨울호부터 국판에서 신국판으로 확대하고 새로운 체제로 발돋음 하고 있다.

結論과 展望

필자는 이글에서 신학지남의 역사를 주마간산식으로 간략하게 생각해 보았다. 신학지남이 창간된지 70주년을 맞이하고 신학지남은 새로운 발돋음을 하는 때 지나간 역사를 더듬어보는 것도 의미가 있을 것이다. 신학지남은 평양신학과 총신을 잇는 교량으로서, 또는 한국신학계의 대변지로서 70년을 굳굳이 살아 왔다. 총신의 신학적 입장은 결국 신학지남을 통해서 발표되었다. 총신이 있는 한 「신학지남」은 있어야 한다. 그래서 한국교회의 신학의 방향을 칼빈주의적인 신학과 신앙의 틀 위에 든든히 세우고 세속주의 신학과 자유주의 신학 또 과격한 신학운동들에 ㄷ전하고 바른신학 바른신앙을 지키는데 앞장서야 하리라고 본다. 다만 그러한 사명을 감당키 위해서는 과감한 투자 그리고 교수진의 강화와 보다 깊은 학문적인 연구 풍토의 조성이 시급하다고 본다. 총신의 역사는 「신학지남」의 역사이고 한국의 신학사는 「신학지남」의 역사와 맥을 같이 한다. 새로운 시대를 맞이하면서 문자 그대로 신학의 지남침들 역할을 감당해서 한국교회 뿐만 아니고 세계 교회에 개혁주의 신학과 신앙의 보루로서 든든히 서야 할 것이다. 그리고 교회개혁의 주역으로서 그리고 세상의 빛과 소금의 역할도 성실히 감당해야 되리라고 본다.

朴亨龍 博士 回顧錄

■
초판 1쇄 인쇄 / 2011년 5월 4일
초판 1쇄 발행 / 2011년 5월 9일

■
편저자 / 정 성 구
발행인 / 정 일 웅
발행처 / 총신대학교출판부
156-763 서울시 동작구 사당동 산 31-3
TEL • (02) 3479-0247

■
출판등록번호 / 제 14-24호
출판등록일 / 1976. 4. 12

정가 12,000원

ISBN 978-89-8169-219-3 93230
Printed in Korea